토저의 위대한 기도 100선

Originally published in English under the title

Approaching the Almighty:
100 Prayers of A.W. Tozer

by A.W. Tozer

Copyright © 2021 compiled by Phil Shappard
Published in the United States by Moody Publishers,
820 N. LaSalle Blvd., Chicago, IL 60610 U.S.A.
Translated by permission.
All rights reserved.

This Korean Translation Copyright © 2022 by Kyujang Publishing Company

이 한국어판의 저작권은 저작권사와 독점 계약한 규장 출판사에 있습니다.
신 저작권법에 의하여 한국 내에서 보호 받는 저작물이므로 무단 전재와 무단 복제를 금합니다.

강력한 기도의 사람

토저의
위대한 기도
100선

A. W. 토저 지음 | 필립 R. 샤퍼드 편집

규장

추천사

토저의 기도문을 읽기 시작했을 때, 그 매력에 점점 빠져드는 나 자신을 보았다. 그의 기도문이 내 기도와 함께하기 시작했다. 성령님의 강력한 임재가 나를 하나님의 보좌가 있는 곳으로 들어 올렸다. 이 기도문은 집회를 시작할 때 목회자가 습관적으로 드리는 기도가 아니다. 독자는 거룩하신 하나님 앞으로 이끌림을 받는 특권을 누리게 될 것이다. 이 책은 정말 대단하다!

라일 도르셋 | 《A Passion for God: The Spiritual Journey of A. W. Tozer》 저자

이 책을 읽을 때 내 머릿속에서는 느릿느릿 말하는 토저의 중서부 지역 바리톤 음성이 들렸다. 하나님의 말씀과 찬송가 가사로 꽉 차있는 그의 마음이 책에 실린 뜨거운 기도에서 아주 잘 드러난다.

래리 쉐클리 | 작곡가, 교회음악가

나는 다른 사람의 기도문을 읽는 게 두려워 피했다. 의식(儀式) 중심의 예배를 드리는 교회에서 사용되는 예배 교범을 연상시키기 때문이었다. 그러나 몇 년이 흐르는 동안 다른 사람의 기도 방법을 보고 많은 걸 배울 수 있음을 깨달았다. 그들의 기도문이 찬양과 기도제목을 하나님께 올려드리는 우리 심정을 아주 아름답게 표현해준다는 걸 알았다. 나는 이 책을 읽으며 하나님을 향한 숭모(崇慕)의 감정을 표현하는 어구들을 토저에게서 배웠다. 그리고 또 그가 내가 생각하지 못했던 기도제목으로 기도했음을 알았다.

나는 내가 시도해본 걸 당신도 해보라고 권하고 싶다. 이 책의 기도문을 사용해서 하나님께 기도드리고, 그 기도문이 당신의 마음에 말하도록 하라! 이 방법은 당신이 전능자 앞에 나아가 겸손한 마음으로 찬양하도록 도울 것이다. 우리는 하나님을 알고 우러러보며 사모하겠다는 열정 하나로 평생을 산 토저에게서 최대한 많은 것을 배워야 한다.

어윈 루처 | 시카고 무디교회 원로목사

나는 이 책을 천천히, 조심스럽게, 그리고 기도하면서 읽었다. 토저가 설교하고 기도하는 걸 직접 들은 사람의 수가 점점 줄고 있는 지금, 나는 그 소수의 사람 중 하나다. 이 책을 계속 읽으며 그의 기도 소리를 직접 듣는 착각에 빠졌다. 이 책의 편집자는 토저가 어떤 사람인지 정확히 꿰뚫어 보았다. 다른 어떤 이들은 토저의 설교를 연구했지만, 이 책의 편집자는 토저가 하나님과 어떤 관계를 맺고 있었는지를 분명히 보았다.

오래 살수록 사람들의 깊은 내면에 각자의 독특한 정신적 특징이 있음을 깊이 느낀다. 번역자가 외국어의 문법과 어휘를 정확히 이해한다 해도, 그 언어에 깊이 스며들어 있는 문화를 충분히 이해하지 못하면, 제대로 번역할 수 없다. 최근 몇 해 동안 토저를 연구해 온 이 책의 편집자는 토저가 어떤 사람인지를 깊이 통찰했다. 그가 정말로 위대한 것을 해냈다고 믿는다. 그래서 나는 온 세상이 이 책을 읽기를 원한다!

존 포걸 | 목사, 기독교선교연합 교구 감독

차례

추천사

편집자의 글

01	예수 그리스도를 높이는 기도	13
02	그리스도의 보혈을 찬양하는 기도	39
03	하나님 말씀을 신뢰하는 기도	63
04	진정성을 담은 기도	91
05	신앙이 퇴보할 때 드리는 기도	117
06	복종하기 위한 기도	141
07	참회의 기도	173
08	감사의 기도	191
09	중보기도	219
10	신령한 생활을 위한 기도	253

편집자의 글

지극히 크신 분께 올려드린
정직한 충심의 호소

  A. W. 토저를 칭찬하는 글과 말이 많이 쏟아져 나왔다. 하나님에 대한 그의 생각은 예수 그리스도를 주님으로 믿고 의지하는 사람들에게 여러 세대에 걸쳐 깊은 영향을 주었다. 아마도 어떤 이들은 말할 것이다.

  "하나님을 찾아 그분의 마음속으로 들어가는 순례자의 여정을 아주 쉽게 설명해주는, 토저의 명민한 통찰력이 잘 드러난 곳은 《하나님을 바로 알자》(The Knowledge of the Holy)나 《하나님을 추구하라》(The Pursuit of God) 같은 그의 책들이다."

  독학으로 공부한 토저가 그토록 큰 영향을 끼칠 수 있었던 가장 주요한 요인은, 날마다 그가 시카고 교회의 서재에서 낡은 기도용 바지를 입고 일정 시간 동안 바닥에 엎드려 하나님을 찾은 것이라고 생각한다.

토저는 1950년대에 한 설교에서 말했다.

"하나님께서 다른 사람을 돕기 위해 나를 통해 이루신 것들은 모두 내가 성경을 펴놓고 무릎을 꿇었을 때 시작되었습니다."

또한 그는 이렇게 말했다.

"하나님은 기독교선교연합(토저가 속했던 교단)의 울타리를 훨씬 뛰어넘어 아주 넓은 곳에서 《하나님을 추구하라》를 사용해서 일하시기를 기뻐하셨습니다."

그리고 더 나아가 그의 글쓰기 과정을 이렇게 말했다.

"한 장 한 장 써 내려갈 때마다 오직 하나님을 모시고 무릎을 꿇고 '제 영에 정결과 능력과 순수함과 의를 허락하소서'라고 기도했습니다. 그런 다음 노트에 메모했고, 그걸 바탕으로 글을 썼습니다. 형제 여러분, 우리에게 필요한 건 무릎 꿇고 기도하는 것입니다. 이 넓은 세상의 그 어떤 것보다 더욱 우리에게 필요한 건 기도입니다."

내가 토저의 녹음 메시지들을 처음으로 들은 것은 무디라디오 방송의 프로그램에 그것들을 끼워 넣을 때였다. 40년간 일하면서 셀 수 없을 정도로 여러 번 들었지만, 어떤 이유에선지 나는 이 경건한 하나님의 사람이 기도를 시작할 때 목소리가 아주 특이해진다는 것을 알아차리지 못했다. 그러던 어느 날, 나는 그가 메시지를 전한 후 드린 기도가 뭔가 다르다는 것에 주목했다. 내 귀에 들린 건, 토저가 그의 양 떼에게 하나님에 관해 설교할 때 내는 음성이 아니었다. 그에게 모인 사람들을 위해 기도드릴 때 그의 음성은 부드럽고 경외심에 차있었다!

원본 설교 테이프에 담긴 그의 기도들을 옮겨 적고 편집할 때, 그의 표현을 정확히 살리기 위해 매우 주의를 기울였다. 당신이 이 책에서 토저의 생생한 기도를 읽을 수 있도록!

책에서 토저는 하나님을 부를 때 '당신은'(Thou)이나 '당신을'(Thee)이라는 경칭(敬稱)을 사용했는데, 이는 우리가 자주 들을 수 있는 표현이 아니다. 또한 그의 기도에는 짧은 성경 구절을 풀어 쓴 부분이 있다. 그 출처를 밝히려고 애쓰지는 않았지만, 독자는 어떤 성구인지를 쉽게 알 수 있을 것이다. 그가 특정 교인의 이름을 밝힌 경우는 실명을 적지 않고 '형제'와 '자매'로 바꾸었다.

각 장의 서두에는 그 장의 기도문의 주제와 관련 있는 단상이 실려있는데, 이는 토저가 시카고에서 설교 중에 말한 것이다. 이 단상에서 독자는 그의 기도 생활 바탕에 깔린 통찰과 개인적 생각과 기초를 더 잘 이해할 수 있을 것이다.

  이 책에 실린 기도문은 감정이 메마른 상태에서 습관적으로 빨리 드린 기도가 아니다. 이런저런 이유로 기도 요청을 받았거나 기도해야 하는 상황에서 드린 몇 마디의 기도도 아니다. 찬란한 빛을 발하시는 높이 계신 '지극히 크신 분'께 올려드린 정직한 충심의 호소다.

  토저가 목회자로서 드린 기도는, 앞으로 새로운 세대의 목회자들이 양 떼의 목자로서 중보기도를 발전시키는 데 도움을 줄 것이다. 비유적으로 말하면, 목회자는 기도함으로 양 우리의 입구에 서서 양을 위한 보호조치를 하고, 또 그 안에 있는 양들에게 경고를 보내는 목자와 같은 역할을 해야 한다.

  성령님이시여, 모든 진실한 예배자가 전능하신 분께 나아갈 때 이 책의 기도문을 바람직한 모범이나 본으로 사용하게 하소서!

필립 R. 샤퍼드

예수 그리스도를 높이는 기도

1장

Approaching the Almighty :
100 Prayers *of* A. W. Tozer

삶이라는
위대한 기도

세상에서 가장 위대한 기도는 '위대한 삶'이라는 '말로 표현되지 않는 기도'입니다. 나는 정말 그렇게 믿습니다! 예수님은 기도하셨습니다. 그분은 절규하듯이 간절히 부르짖는 기도를 올려 보내셨습니다. 긴 기도를 하셨습니다. 식사 전에, 무리 속에서, 평범한 사람들과 함께 혹은 혼자 기도하셨습니다. 내가 생각할 수 있는 모든 종류의 기도를 다 하셨습니다.

그러나 그분이 드리신 가장 위대한 기도는, 그분이 요셉의 목공소에서 아장아장 걸어서 나오셨을 때부터 나중에 결국 십자가에 못 박히셨을 때까지 사셨던 그분의 인생 전체였습니다. 그분의 삶이 가장 위대한 기도였습니다!

성경에 의하면, 예수님은 전능하신 하나님 아버지의 우편에서 우리를 위해 간구하며 끊임없이 중보의 기도를 드리십니다. 그런데 이런 말씀이 "예수 그리스도께서 아버지 하나님 앞에서 무릎을 꿇고 기도회를 하면서 끊임없이 중보기도를 드리신다"라는 인상을 일부

사람들에게 주지만, 그런 건 아닙니다. 그분이 하나님 우편에 계신 것 자체가 온 세상에서 가장 유창한 기도입니다! 우리는 여기 이 땅에 있지만, 우리의 본성과 형체를 지니고 우리처럼 보이는 그분이 거기에 계시다는 사실이 온 세상에서 가장 유창한 기도입니다! 그분 주변에서 왔다갔다하는 천사가 그분의 모습을 본다면, "인간이 이 곳에 와있습니다!"라고 말할 것입니다.

그렇습니다. 인간이 천국에 계신 것입니다! 그분은 하나님의 인간이시요, 표본이 되는 인간이시요, 두 번째 아담이십니다. 그런 분이 거기에 계신 것입니다. 그런 분이 하나님 우편에 계신 것 자체가 당신과 나를 위한 유창한 기도입니다. 우리의 이름이 그분의 손과 어깨와 가슴에 있습니다. 아버지 앞에서 설득력을 갖는 그분의 임재가 가장 유효하고 강력한 기도입니다!

그렇습니다. 세상에서 가장 위대한 기도는 '삶'이라는 기도입니다. 올바른 방향으로 나아가는 삶 말입니다! 이 말은 기도를 어설프게 영적으로 해석하려는 게 아닙니다. 또한 기도해서 응답받을 수 있는 특권이나 기도의 필요성을 부정하기 위해 어떤 신비적 의미를 기도에 부여하는 것도 아닙니다.

나는 우리가 기도할 준비가 항상 되어있어야 한다고 생각합니다. 어떤 사람이 지칠 대로 지쳐있고 나흘씩이나 수염을 깎지 않고 옷도 더러워진 상태에 있는데, 갑자기 왕이신 하나님 앞에 나아가야 한다고 생각해봅시다. 그럴 경우, 그는 그분을 알현하기 위해 발바닥에 불이 나도록 이리저리 뛰어야 할 것입니다. 이 사람처럼 일이 코앞에 닥쳤을 때 바쁘게 허둥지둥하지 않으려면 언제나 준비되어 있어야 합니다.

만일 어떤 사람이 하나님 존전(尊前)으로 걸어 들어갈 때 단정하게 보이기 위해 급히 일어나 세수를 하고 재빨리 이발을 하고 매무새를 가다듬어야 한다면, 그는 기도에 아주 서툰 사람입니다. 그는 단정한 상태를 항상 유지하고 있어야 합니다.

하나님의 자녀들은 그분 앞에 언제라도 나아갈 수 있는 상태를 늘 유지해야 합니다. 만일 왕이신 하나님 앞으로 나아가기 위해 허겁지겁 준비하면서 도덕적으로나 영적으로 자신의 매무새를 가다듬어야 한다면, 정말 문제가 있는 것입니다.

우리는 언제라도 당혹감 없이 그분 앞으로 나아갈 수 있는 준비된 상태로 살아야 합니다. 알현을 위한 의복을 입고 있어야 당황하지 않고 왕 앞에 나아가 자기가 구하는 것을 얻을 수 있다고 확신합니다.

001 선한 목자

오! 당신은 이스라엘의 목자, 양 떼의 목자이십니다. 주님은 나의 목자이시니 내게 부족함이 없을 것입니다. 주님이 나를 푸른 초장에 누이시고, 잔잔한 물가로 인도하십니다. 당신이 당신의 양 떼의 목자이시니, 당신의 예비하심을 우리가 매우 기뻐합니다. 당신이 그렇게 하셨음을 즐거워합니다.

당신이 모세를 우리의 목자로 세우셨다면, 우리의 마음이 편치 않았을 것입니다. 그가 과거에 바위 몇 개를 부수었고, 또 어떤 바위를 쳤고, 어떤 사람을 죽였다는 것이 아직도 우리의 기억 속에 있습니다.

당신이 엘리야를 우리의 목자로 주셨다 해도 불편했을 것입니다. 그가 하늘로부터 불이 내려오게 했기 때문입니다. 우리가 다윗에 대해 당신께 감사하지만, 그가 우리의 목자가 아닌 것을 기뻐합니다. 그는 어떤 사람을 좋아하지 않았을 때 목을 자르라고 명령했습니다.

오, 주 예수님! 당신이 우리의 목자이시기에 우리가 평안합니다. 당신은 선하고 위대한 목자이시며, 이해심과 동정심과 사랑이 많은 목자이시기에 우리가 편하게 안식할 수 있습니다. 우리의 목자이신 주여, 감사합니다!

오, 하나님! 이 밤에 길을 잃어버린 사람들을 위해 기도합니다. 예수님의 이름으로 구하오니, 이 건물의 불빛이 다 꺼지기 전에 그들이 목자를 찾게 하소서. 목자이신 예수님이 잃어버린 자들을 찾지 않으셨습니까? 예수님을 생각하시어, 그들에게 길을 보여주소서.

그리고 우리의 마음을 넓히소서. 우리의 속이 겉보다 크게 하사 넓은 세상만큼 크게 하소서. 우리의 속을 하나님의 온 교회만큼 크게 하시어, 모든 성도를 품게 하소서. 당신의 자비가 주 예수 그리스도를 통해 우리 위에 머물게 하소서. 아멘.

002　그분 안에서 온전하게 하소서

우리의 육신 안에 선한 것이 없습니다. 설득할 힘이 우리 마음에 거하지 않습니다. 당신이 계시지 않으면 우리가 아무것도 할 수 없지만, 당신과 함께라면 모든 것을 할 수 있습니다.

그러므로 아버지시여! 우리가 어린 소년에게서 도끼를 빼앗아 어른에게 주듯이, 아마추어를 비키게 하고 대가(大家)를 기계 앞에 앉히듯이 행하기를 원합니다. 유명하다는 사람들을 옆으로 비키게 하고, 인간 예수 그리스도를 모시어 말씀을 듣습니다. 그분은 성령님에 의해 하나님의 말씀을 확증해주실 것입니다.

주님, 오늘 밤 우리를 도우소서! 내일은 늦을지도 모릅니다. 예수님의 이름으로 구합니다. 아멘.

003　신인(神人, The God-Man)이시여!

오, 주님! 오, 우리의 예수님! 이 커다란 세상에는 좋은 사람들이 많이 있습니다. 우호적인 사람, 어려움에 처한 자에게 1달러를 기부할 사람, 잔디 깎는 기계를 기꺼이 빌려줄 사람, 타이어가 펑크 나면 도와줄 성품이 착한 사람들이 있습니다.

그러나 그들이 가인의 아들들일 수 있습니다. 믿음에 있어서 그런 자들은 제단에 피를 가져오지 않고 꽃을 가져왔던 사람, 즉 가인을 따릅니다. 어쩌면 아벨의 인성적 자질이 가인보다 낫지 못했을 수도 있지만, 아벨은 피를 피난처로 삼았고, '새 영'(the new Spirit)으로 태어났습니다. 하지만 결국 한 번 태어난 사람이 두 번 태어난 사람을 죽였습니다.

오, 하나님! 우리는 이것을 생각하기 싫습니다. 우리는 사람을 사랑하고 세상을 사랑하며 모든 이와 잘 지내길 원합니다. 늘 고개를 끄덕이고, 모든 사람의 말에 "아멘!"이라고 화답하길 좋아합니다. 그들의 반대편에 서서, 완고하고 다투길 좋아하는 사람이 되고 싶지 않습니다. 그러나 그들은 당신이 단지 선한 사람이라고 말합니다. 그들의 속담에 이르기를, "종교는 사람들을 속인다"라고 하며 우리를 상대로 싸움을 멈추지 않습니다.

그들은 말과 행동이 모두 잘못되었습니다. 오, 그리스도시여! 당신은 단지 사람이 아니십니다. 당신은 하나님의 사람이시며, 바로 당신이 하나님이십니다. 만세 전에 아버지에게서 나신 분이며, 또한 시간 속에서 마리아에게서 나신 인간이십니다. 완전한 인간과 완전한 하나님이 그 밤에 하나로 결합하셨습니다.

오, 주 예수님, 부주의와 경박함이 우리의 마음에서 사라지고, 우리가 누구의 편에 서있는지 차분히 깨닫기를 기도합니다. 주님! 우리는 당신 편에 섭니다. 친구들과 적대관계에 놓일지라도 당신께 순종하기로 약속합니다. 당신을 부인하지 않사오니 우리에게 계속 명령하시고, 무엇을 해야 할지 말씀해주소서. 십자가를 지고 당신을 따르는 제자가 되길 원합니다.

이 길을 아직 선택하지 않은 사람들을 위해 기도합니다. 하나님의 아들이시여, 이 시간 자비를 베푸소서! 세상은 아주 악하고, 때는 무르익어 끝이 가까웠고, 심판은 다가오고 있습니다. 간절히 구하오니, 우리의 불쌍한 영혼을 가엾게 여기사 살려주시고 용서하시고 자비를 베푸소서! 예수님의 이름으로 구합니다. 아멘.

004 그분의 인도를 받게 하소서

오, 우리의 아버지 하나님! 당신의 이름에 영광을 돌립니다! 당신은 성소로부터, 하늘의 궁정으로부터 도움을 보내셨습니다. 저 높은 곳으로부터 여기 아래로 그분이 내려오셨습니다.

그분이 율법 아래에 태어나시고 여자에게서 나신 것은, 율법의 저주 아래에서 완전히 타락하여 소망 없는 우리를 속량하시기 위함입니다. 여기 피와 진흙으로, 여기 어둡고 우울한 곳으로, 여기 무덤의 눈물로 그분이 오셨습니다. 그분을 보내신 당신의 거룩한 이름을 찬양합니다. 그분은 스스로 원해서 오셨지만, 또한 당신이 보내셨기에 오셨습니다. 진정 당신이 그분을 보내셨으니 아버지와 아들의 뜻이 하나가 된 것입니다.

오, 삼위일체 하나님! 당신을 찬양합니다. 오, 거룩하신 성령님, 우리의 타락으로 잃어버린 세계를 어렴풋하게나마 계속 기억하도록 도우시는 '세상의 양심'이시여! 크신 하나님의 진노가 우리 위에 머물기를 원치 않습니다. 당신과 함께 있던 저 영원한 생명을 소유하기를 원합니다. 기도하오니, 아들을 영접하지 아니한 채, 아들에게 순종하지 아니한 채, 아들을 붙들고 믿지 아니한 채 살아가는 사람이 하나도 없도록 도우소서.

오, 사람의 아들이시여, 당신의 음성이 들립니다. 하나님의 아들이시여, 당신의 빛이 보입니다. 오, 하나님, 기도하오니, 우리가 저항할 수 없는 압도적인 논리의 힘에 이끌려 예수 그리스도에게 가도록 허락하소서.

예나 지금이나 우리의 능력 안에는 우리를 도울 수 있는 것이 조금도 없고, 오직 위에서 오신 예수님만이 우리를 도우실 수 있음을 알게 하소서. 예수님의 이름이 복되게 하소서! 우리가 그 이름을 사랑하게 하시고, 그분이 어디로 가시든지 따르게 하소서.

우리가 '다른 세상'을 마음속에 조금이라도 품게 하소서. '내 영혼의 문을 활짝 열어 주 예수 그리스도를 받아들이고 그분을 믿고 의지하며 그분 안에서 안식하고 싶다. 지금이라도 성령님이 나를 골짜기 밖으로 들어 올리실 수 있음을 믿고 싶다'라는 열망과 간절함과 갈망에 사로잡히게 하소서.

그분이 오시면 골짜기에서 영원히 빠져나오게 될 것임을 믿게 하소서. 그리고 사망의 골짜기를 생명의 골짜기로 바꿔주셔서 골짜기가 더는 골짜기로 느껴지지 않게 하소서. 왜냐하면 "물이 바다를 덮음같이 여호와를 아는 지식이 세상에 충만할"(사 11:9) 것이기 때문입니다. 예수님의 이름으로 기도합니다. 아멘.

005 양자가 되었습니다

우리 주 예수님의 아버지이신 하나님! 이 시간 당신께 감사합니다. 당신은 우리를 고아처럼 버려두지 않으셨습니다. 우리가 뱀들이 우글거리는 골짜기로 걸어 들어가 머물도록 허락하지 않으셨습니다. 오히려 우리를 끌어당기고 설득하셨고, 거기에서 나올 수 있는 문을 만들어놓으셨습니다. 우리가 어디에 있든지 우리에게는 드나들 수 있는 문이 있습니다.

당신은 은혜 가운데 우리를 지켜주셨습니다. 아들 예수님을 보내셨고, 그분이 죽었다가 다시 살아 우리를 위해 간구하고 우리와 함께 계시게 하셨으니, 그분은 하늘에 계신 대언자시며, 사랑의 보좌 옆에 계신 구주십니다. 그분이 거기에 계시고 우리가 여기에 있는 동안, 손만 뻗으면 그 문을 열 수 있습니다.

당신께 영광을 돌립니다. 우리는 절망하지 않고 포기하지 않을 것입니다. 원수의 제안에 굴복하지도 않을 것입니다. 유혹이 찾아올 때마다 당신이 피할 길을 내실 거라고 담대히 믿을 것입니다. 당신은 우리의 주석을 은으로, 은을 금으로 바꿔주시고, 우리를 짓누르는 무거운 옷 대신에 찬양의 옷을 주실 것입니다. 오직 당신의 말씀만 높아지게 하소서.

우리 주 예수 그리스도의 이름으로 구합니다. 아멘.

006   우리의 가장 큰 보물

오, 주님, 우리가 더욱 우려하는 것은 지금이나 죽음의 날에, 또는 당신의 아들의 재림 때에 '우리에게 아무 문제가 없을까' 하는 것입니다. '우리가 신앙에 굳게 서있는 걸까? 성도들은 우리를 어떻게 생각할까? 지금 우리의 모든 것이 제대로 되어있는가?' 이런 생각이 더욱 불안하게 합니다.

오, 주 예수님, 당신께 감사합니다. 당신은 우리처럼 세상에서 방황하는 불쌍한 자들에게 이렇게 말씀하셨습니다.
"너희가 나의 제자가 되어 나를 따른다면, 머뭇거리지 않고 내 제자가 된다면 진정 진리를 알 것이고, 진리가 너희를 자유하게 할 것이다. 아들이 너희를 자유하게 하면 너희가 정말로 자유해질 것이니, 이는 내가 세상의 빛이며, 나를 따르는 자는 어둠 가운데 다니지 않고 생명의 빛을 얻을 것이기 때문이다."

오, 하나님, 당신께 감사합니다. 우리는 걱정하거나 의심하거나 불안해할 필요가 없습니다. 우리는 우리가 당신을 따르고 있음을 압니다. 당신이 빛 안에 계시듯이 우리가 빛 안에 있을 때 우리와 당신 사이에 사귐이 있고, 또 우리들 사이에 사귐이 있으며, 당신의 아들 예수 그리스도의 피가 우리를 모든 죄에서 깨끗하게 합니다. 이것은 오빌의 모든 금이나 아프리카의 다이아몬드보다 더 큰 보물입니다. 모든 보석과 세상의 모든 옥수수와 밀과 곡창 지대보다 더 갈망해야 할 것입니다.

우리는 우리가 종교개혁가들의 후손일 뿐만 아니라 '믿음과 순종의 아들들'이라고 확신하고 싶습니다. 또한 교파가 무엇이든, 자기 교단의 전통에 서있음을 확신할 뿐만 아니라, 지난 시대에 믿음으로 교단을 세웠던 사람들과 똑같은 영적 경험을 한다는 것도 확신하기를 원합니다.

모든 참된 감리교인, 독실한 장로교인, 경건한 침례교인, 행복한 나사렛교회(the Church of the Nazarene, 북아메리카에서 시작된 개신교의 한 교파) 교인들과 복된 퀘이커파 교인들로 인해 당신께 감사합니다. 교파가 무엇이든 당신을 사랑하는 모든 하나님의 사람에 대해 감사합니다. 우리는 그들과 한 무리에 속합니다. 그러나 깊게 뿌리박힌 '특권과 기득권'이라는 비극적 올무에 빠져 '우리가 훌륭한 조상의 후손이므로 모든 게 잘될 것이다'라고 착각하는 일이 없도록 지켜주시기를 기도합니다. 크신 하나님이시여, 그런 비극에 빠지지 않도록 건져주소서.

당신이 우리를 교회 밖으로 내보내실 때, 우리가 '세상의 빛' (the Light of the World)을 차분함과 확신과 믿음 가운데 바라보게 해주실 거라고 믿습니다. 모든 자기 의를 온유한 마음으로 거부하고, 우리 자신을 겸손히 부정하고, 기꺼이 십자가를 지고, 불완전하고 잘못된 것을 슬퍼하며 부끄러워하고, 정결케 하는 피를 기뻐하며, 용서의 은혜에 감사하면서 교회 문을 나서게 해주실 걸 믿습니다. 그리고 우리의 죄를 영원히 기억하지 않으실 거라고 믿습니다. 당신의 이름이 복되게 하소서. 아멘.

007 확신 가운데 믿고 의지하라

오, 주 예수님, 당신도 아시듯이, 예언을 말하는 선생들이 서로 의견의 일치를 보이지는 않습니다. 우리도 서로 간에 의견의 일치에 도달했다고 주장하지 않습니다. 교회의 전반적 부흥이 이론적으로는 가능함을 알지만, 적어도 지금, 그런 부흥을 위해 기도하지는 않을 것입니다.

그러나 아버지시여, 우리는 개인적 부흥이 일어날 수 있다는 것에 모두가 동의한다고 믿습니다. 지극히 차갑고 열매 없고 우울하고 완전히 패배한 그리스도인이라도, 전에는 꿈도 꾸지 못했던 승리와 열매와 능력과 낙관과 행복의 상태에 이르는 것이 불과 몇 시간 안에 가능하다고 믿습니다.

몇 년씩 겨우 버텨오던 교회도 마치 "빛이 있으라 하시니 빛이 있었고"(창 1:3)라는 말씀을 들은 것처럼 갑자기 살아나는 것이 가능하다고 믿습니다. 당신이 "교회는 열매를 맺으라"라고 말씀하시자, 보소서, 그렇게 되었습니다! 우리도 그렇게 되기를 원합니다. 각 사람의 심령에 부흥이 일어나기를 원합니다. 그런 개인들을 하나로 녹여내는 교회의 부흥이 일어나기를 원합니다.

오, 하나님! 당신께 간절히 구합니다. 이 시간 부흥을 볼 수 있는 눈과 그 유익을 취할 수 있는 담대함과 믿음을 주소서. 당신은 당신의 일을 다시 살리기를 원하시며, 당신이 개입하시어 사람들의 눈이 주님의 영광을 보기를 원하시지 않습니까?

당신은 영광과 기쁨을 주시는 분이며 영혼의 의사이자 날개 안에 치유의 능력을 지닌 '의(義)의 아들'이시며, 동방의 별이자 지평선으로 장식된 분, 좋은 소식을 가져오는 분이십니다.

우리는 아주 오랫동안 당신을 밖에 세워두었습니다. 당신이 아주 오랫동안 문을 두드리셨지만, 우리는 잠을 자거나 다른 일에 몰두했습니다. 주여, 우리를 용서하소서. 밖에 서 계신 주님께 실망을 안겨드린 것을 용서하소서.

우리가 강하고 담대한 목적의식을 갖게 하소서. 그리하시면 새로운 삶을 살게 될 것입니다. 텅 빈 곳을 채우며 전에는 하지 않았거나 중단했던 일을 시작할 것입니다. 그리고 범하지 말았어야 했던 것들을 보여주는, 그 부어오른 추한 혹들을 깨끗하고 매끄럽게 없앨 것입니다.

아버지시여, 우리가 회개와 겸손과 온유의 마음으로 우리의 길을 평탄케 할 것입니다. 크신 하나님이시여, 도와주소서! 아멘.

008　　　　　　　　우리의 대제사장

오, 아버지시여, 당신의 복을 내려주시기를 기도합니다. 우리는 세상 여러 곳으로 흩어집니다. 책임져야 할 일들, 많은 의무, 여러 직업적 일을 시작할 것이고, 많은 이가 학교로 돌아갈 것입니다. 우리가 〈풍운의 고아〉(Orphans of the Storm, 1921년 D. W. 그리피스가 프랑스 혁명을 배경으로 만든 미국 영화)가 아님을, 잠시 생기를 받아 우주를 떠도는 물질 조각들이 아님을 확신하기를 기도합니다.

우리 한 사람 한 사람에게 시선을 보내시며 우리의 이름과 수와 얼굴을 아시는 하나님. 당신의 아들딸이라는 것을 확실히 믿는 가운데, 하나님의 존전에서 대제사장의 어깨와 가슴과 이마에 우리의 이름이 적혀있다는 것을 확신하기를 기도합니다. 아버지의 얼굴 앞에 위대하신 대제사장이 서 계시니 우리에게는 '성인(聖人)의 공로'가 필요 없습니다. 위대하신 대제사장의 공로만 있으면 됩니다.

우리가 은혜의 보좌 앞으로 담대히 들어가, 어려울 때 자비와 은혜의 도움을 얻을 수 있어서 감사합니다. 우리의 대제사장은 우리의 연약함을 아시며, 우리의 한계로 인해 생기는 궁핍과 스트레스를 느끼실 수 있으니, 이는 그분 자신이 인간이셨고 인간들과 사셨기 때문입니다.

우리가 크게 격려를 받고 큰 소망을 품게 하소서. 당신이 젊은이들을 학교로 보내실 때, 주님이 그들의 편이심을 그들이 알게 하소서. 또 유례없는 무한한 은혜가 그들의 모든 죄보다 더 크다는 것도 알게 하소서. 그리하여 그들이 기운을 내고 무릎 꿇고 기도하며 눈에 생기가 돌게 하소서.

봉사의 삶을 살도록 우리를 이웃에게 보내실 때, 우리 마음에 '성령의 은사가 다시 회복될 것'이라는 확신과 기대가 넘치게 하소서. 또한 다시 사신 그리스도의 큰 능력이 교회 안에서 일하심을 보게 되리라는 확신과 기대에 넘치게 하소서. 그분의 이름으로 구합니다. 아멘.

009 밝음과 안전함

오, 주님! 구명 뗏목 위에 있는 우리를 구하러 와주셔서 감사합니다. 사방에서 상어들의 지느러미가 수면의 위아래로 출몰하는 가운데 곧 죽을 위기에 처했지만, 당신이 바다 위를 걸어오셔서 "내니 두려워 말라"라고 말씀하셨습니다.

오, 목자시여, 감사합니다. 당신은 갈릴리의 탁월한 안내자시며 인류의 구주이십니다. 복을 내리고 도와주소서. 안개 낀 것처럼 뿌옇고 진흙처럼 질척한 우리의 생각에서 벗어나게 해주시기를 기도합니다. 눈이 멀어 제대로 보지 못하는 눈을 밝혀주소서. 밝히 보게 될 자와 그렇지 못할 자, 밝은 사고를 하는 자와 그렇지 못한 자를 구별하는 뚜렷하고 분명한 선을 보게 하소서. 주여, 전자에 속한 모든 이에 대해 감사합니다. 그리고 고난의 십자가를 통해 당신 안에서 주어진 안전함에 감사합니다.

주님, 긴장을 풀고 묵상할 시간을 허락하소서. 머리 위 하늘에 먹구름이 끼게 하는 것들은 생각지도 말고, 말하지도 말며, 행하지도 않게 하소서. 기도하오니, 그리스도인으로서 더욱 성장하는 하루를 살게 하소서. 예수님의 이름으로 구합니다. 아멘.

010   와서 쉬라

거룩하신 주 예수님, 온 자연의 통치자시여! 하나님에게서 오신 당신은 그분의 아들이시며 인간이십니다. 우리가 당신을 얼마나 사랑하는지요! 당신을 얼마나 찬양하는지요! 당신에게 얼마나 영광을 돌리는지요!

우리는 어리석음과 수치와 악행 가운데 안식을 몰랐고, 자신의 만족만을 열심히 추구했습니다. 만족의 추구가 끝났을 때 더 이상의 만족은 불가능했습니다. 공허감만 남았고 깨어진 물통과 같았습니다. 그 안에서 볼 수 있는 건 도마뱀들과 먼지뿐이었습니다.

그러나 "내게 와 쉬어라!" 말씀하시는 주님의 음성이 들리니 감사합니다. 우리는 왔고, 당신의 가슴에 머리를 기대었고, 주님의 음성을 들었습니다.
"나는 이 어두운 세상의 빛이다. 나를 보라! 너희의 아침이 찾아올 것이고, 너희의 온 날이 밝을 것이다."
나는 당신이 내 별이요 태양이심을 알았습니다. 나는 순례의 날이 다할 때까지 생명의 빛 안에서 걸어갈 것입니다.

오, 예수님, 당신은 너무 크신 분이셔서 어떻게 기도해야 할지 조차 모르겠습니다. 우리는 기도할 줄 모릅니다. 당신의 존재 앞에 서있는 우리는 산 앞에 서있는 어린아이 같습니다. 당신은 광대하시고, 한계가 없으시고, 입에서 감탄이 절로 나오게 하시는 분입니다. 당신은 우리가 원하는 모든 것이며, 우리에게 필요한 모든 것이십니다. 당신이 우리를 당신께 부르고 계십니다.

간절히 구하오니, 오늘 밤 베개에 머리를 대기 전에 우리 모두가 어리석은 자의 무지함에서 의로운 자의 지혜로 돌이키게 하소서. 그리스도의 피의 속죄를 믿는 믿음으로 거듭나고, 정말로 변하기 위해 노력하게 하소서. 아멘.

011   그분을 맞을 준비를 하라

오, 하나님! 당신이 밤에 우리를 잊지 않으심을 감사합니다. 당신의 독생자, 하나님에게서 오신 하나님, 빛에서 오신 빛, 참 하나님에게서 오신 참 하나님, 창조된 분이 아니라 태어나신 분을 보내주셔서 감사합니다.

그분은 천지를 창조하신 아버지와 본질이 동일한 분이십니다. 그분이 오신 것을 감사합니다. 그분은 성장하셨고, 죽으셨고, 부활하셨습니다. 그리고 지금은 전능하신 아버지 하나님의 우편에 살아계십니다. 모든 것을 내려다볼 수 있는 그 자리에서 모든 권세를 갖고 계심에 감사합니다.

오, 주 하나님, 당신을 찬양하고 영광을 돌리오니, 이는 우리가 오늘 밤 동정녀와 구유를 슬픈 눈빛으로 돌아보지 않고, 눈을 높이 들어 별들이 돌아가는 것을 보기 때문입니다.

눈을 들어 거룩한 천사들이 그 얼굴을 가리는 것을 봅니다. 스랍들이 그들의 발과 손과 얼굴을 가리고 "거룩하다 거룩하다 거룩하다 만군의 여호와여 그의 영광이 온 땅에 충만하도다"(사 6:3)라고 창화하는 것을 봅니다.

주 예수님, 당신이 거기에서 우리의 이름을 갖고 계십니다. 당신은 우리의 이름을 당신의 손과 가슴과 어깨와 마음에 새기셨습니다. 당신은 우리의 대언자요 구주로서 저 위 사랑의 보좌 옆에 계십니다. 이 사실을 바꿀 수 있는 것은 아무것도 없기에 주 예수시여, 당신을 찬양합니다. 그 무엇도 이것을 바꿀 수 없고 빼앗아 갈 수 없습니다!

주 하나님, 천지를 다스리시는 그분의 막대기가 우리에게 닿아 우리가 평안하기에 감사합니다. 머지않아 땅과 지옥과 하늘이 그분의 발 앞에 무릎 꿇고, 그분이 주님이심을 선언하여 아버지 하나님께 영광을 돌릴 것입니다.

주님, 이 시간 우리를 도와주지 않으시렵니까? 당신께 기도하오니, 우리에게 복을 풍성히 내려주소서. 우리의 음악과 진리의 메시지를 거룩하게 하소서. 우리가 입을 굳게 다물고 발을 시온으로 향하고 얼굴을 부싯돌처럼 단단히 하면서 "무슨 일이 있어도 나는 예수님을 따르겠노라" 하고 결심하게 하소서.

눈이 내리고 푸른 호랑가시나무(흔히 크리스마스 장식용으로 쓰이는 나무)가 크리스마스를 알려줄 때뿐만 아니라, 지루한 2월과 3월 내내 그리고 무더운 여름에도 우리의 결심이 흔들리지 않게 하소서. 어느 계절이든, 날씨가 어떠하든 주 예수 그리스도를 흔들림 없이 따르며 결국에는 함께 영광에 이르게 하소서.

  이 시간 은혜와 복을 베푸소서. 당신의 보좌에서 내려오는 모든 진리를 기꺼이 받아들이는 마음을 허락하시길 기도합니다. 우리 자신을 위해서뿐 아니라 전 세계 모든 교회를 위해 기도하오니, 그리스도께서 다시 오실 때까지 우리의 삶에서, 또 죽을 수밖에 없는 우리의 몸에서 그분이 영광을 받으시게 하소서.

  예수님의 거룩한 이름으로 구합니다. 아멘.

그리스도의 보혈을 찬양하는 기도

2장

APPROACHING THE ALMIGHTY :
100 PRAYERS *of* A. W. TOZER

오직 예수님만 하실 수 있는 일

너희가 얻지 못함은 구하지 아니하기 때문이요 약 4:2

기도하지 않으면 대가가 따르기 마련입니다. 당신이 구했더라면 받았을 것입니다. 구하지 않았기에 얻지 못한 것입니다.

'우리가 얼마나 적게 갖고 있느냐'는 '우리가 얼마나 적게 구했느냐' 하는 것의 결과일 수도 있습니다. 더 많이 구하면 더 많이 얻고, 적게 구하면 적게 얻습니다. "너희가 얻지 못함은 구하지 아니하기 때문이요"(약 4:2)라고 말씀하시지 않습니까? 기도하지 않음에 따르는 대가는 '얻지 못함'입니다.

구하여도 받지 못함은 정욕으로 쓰려고 잘못 구하기 때문이라 약 4:3

이기심 때문에 치러야 하는 대가도 있습니다. 정욕으로 쓰기 위해 갖고자 하는 이기적인 기도는 하나님께서 응답하실 수 없습니다.

"구하라 그리하면 너희에게 주실 것이요"(마 7:7)라는 말씀도 있습니다. 성실함에는 보상이 주어진다는 뜻입니다. 기도하지 않으면 보상도 없습니다.

기도는 단순히 종교심이 있는 사람들이 중얼거리는 그 무엇이 아니라 과학이며 예술입니다. 이를 아는 건 매우 중요합니다. 기도는 하나님의 은혜의 도움을 통해 배워야 할 기술이며, 우리가 향유하는 특권입니다. 우리가 사용할 수 있는 권세이며, 어린양의 피로 말미암아 누리는 권리입니다. 우리가 하나님께 나아가 원하는 것을 구하면 그분이 우리에게 이루어주실 것입니다.

당신은 이것을 믿습니까? 믿는다면, 이제까지 했던 것보다 더 열심히 기도하겠습니까? 기도하기로 결심하겠습니까? 담대히 하나님께 나아가겠습니까?

당신이 가져서는 안 되는 것이 있다면 구하지 마십시오. 그것을 원하거나 바라지 마십시오. 간혹 그저 바라기만 하는 하나님의 불쌍한 양 떼가 있습니다! 그들은 현관 앞에 앉아 황금빛 옥수수로 가득한 10에이커의 밭이 있으면 좋겠다고 바라는 농부와 같습니다. 그는 아내를 불러서 말합니다.

"메이! 나와 함께 여기 앉아서 황금빛 옥수수로 가득한 10에이커의 밭이 있으면 좋겠다고 갈망합시다."

아내는 그의 말에 따릅니다. 그러고는 말합니다.

"조지, 내 생각에는 이웃 사람들을 부르는 것이 좋겠어요. 숫자가 많아지면 그만큼 더 능력이 있지 않겠어요?"

그녀는 낡은 전화기로 가서 벨을 세 번 울립니다. 이웃이 전화를 받자 말합니다.

"우리 집으로 건너오세요. 조지와 내가 현관 앞에 앉아서 황금빛 옥수수로 가득한 10에이커의 밭을 간절히 바라고 있습니다."

순식간에 현관 앞에는 사람들이 잔뜩 모이고, 그들은 모두 옥수수를 향한 소원을 품고 앉아있게 됩니다.

내가 볼 때 이건 정말 웃기는 일입니다! 내 판단은 결코 틀리지 않습니다. 그런데 많은 하나님의 자녀가 이런 식으로 무언가를 바라고만 있습니다. 그러나 소원을 품고만 있으면 안 됩니다. 당신이 정말로 어떤 것을 가져야 한다면, 기도하십시오! 그러면 얻을 것입니다!

하나님은 당신이 스스로 할 수 있는 일을 대신 해주시지는 않을 것입니다. 반대로 오직 그분만이 하실 수 있는 일을 당신이 이루려고 애쓰는 것도 부질없습니다. 우리가 이 점을 정확히 이해한다면, 오직 그분만이 행하실 수 있는 일을 이루려고 애쓰지도 않을 것이고, 스스로 행해야 할 일을 그분께 이루어달라고 기도하지도 않을 것입니다.

012

사랑하는 주 예수님, 우리는 당신의 종 다윗처럼 "우리의 소망이 당신 안에 있나이다"라고 말합니다. 그리고 베드로처럼 "주여, 우리가 누구에게 가겠나이까? 우리가 어디로 갈 수 있나이까? 영생의 말씀이 주께 있사옵니다"라고 말합니다.

주님, 오직 당신만이 우리의 소망이십니다. 과학과 심리학과 학문과 종교가 있고, 우리의 머릿속을 꽉 채우는 생각도 있지만, 어떤 것도 폭풍이 올 때 피난처가 되지 못하고, 우리의 영혼을 씻을 수 있는 샘이 되지 못합니다. 단 하나도 그렇지 못합니다!

우리는 당신이 거룩한 분이심을 믿습니다. 당신을 경배하며 찬양합니다. 당신의 보혈로 인해 당신을 영화롭게 하오니, 당신의 피는 바울(살인자), 존 뉴턴, 멜 트라터(Mel Trotter, 알코올중독에서 벗어나 미국 근본주의 지도자 중 한 사람이 되었다, 1870-1940), 제리 매컬리(Jerry McAuley, 교도소에서 회심한 후 구제선교회를 세워 사역했다, 1839-1884), 빌리 선데이(Billy Sunday, 미국의 운동선수 및 복음전도자, 1862-1935)를 깨끗게 했습니다. 그뿐 아니라 이름이 알려지지 않은 수억 명의 사람도 정결케 했습니다.

그들은 죄에 깊이 빠져 죽은 인생을 살며 길을 잃고 헤매었지만, 거룩한 피로 씻음을 받아 깨끗하고 새롭게 되어 예수님 안에서 복된 자들이 되었습니다. 오, 주님, 그중 많은 사람이 세상을 떠났지만, 아직 남아있는 이들도 많이 있습니다.

이 완전한 복음을 어떻게 다 감사할 수 있겠습니까? 우리는 복음에 대해 논리로 사람들을 설득하려 하지 않습니다. 복음을 이해하려고 하지도 않습니다. 오직 우리가 아는 것은 보혈을 믿기만 하면 영혼이 깨끗하게 되고, 구주 예수 그리스도를 통해 주어지는 영생을 알게 된다는 것입니다.

오, 하나님, 우리가 성령님의 감동을 받게 하소서. 기도하기 전과 같은 상태로 돌아가지 않고, 차분하고 진지하고 사려 깊은 마음을 갖게 하소서. 우울하고 무거운 마음으로 돌아가기를 원치 않습니다. 기운을 북돋아 주시는 성령님의 부르심에는 우울함이나 무거움이 없습니다.

기도하오니, 우리가 스스로 이렇게 묻게 하소서.

"나는 무엇을 기다리고 있는가?"

"왜 나는 이렇게 미루는 것인가?"

"왜 이리 머뭇거리고 있는가?"

주 예수님, 우리 중 어떤 사람은 교회에서 구원을 받지 못했습니다. 다락방이나 지하실이나 공원을 찾거나 그 밖의 어딘가에서 외롭게 슬픔을 쏟아놓고, 벧엘로 올라가 제단을 쌓고(창 35:1) 당신을 만났습니다. 주님, 아직 주님을 만나지 못한 사람이 있다면, 이 시간 당신을 만나게 하소서. 구주를 만나게 하소서! 구원받은 자에게는 복을 주시고, 구원받지 못한 사람에게도 복을 주시어 구원받은 무리에 속하게 하소서.

오, 하나님, 친절한 젊은이와 온순한 아이들이 당신에게서 아주 멀리 떨어져 있습니다. 그들의 감정과 느낌과 충동과 야망이 지극히 육신적임에도 자기들은 구원받았다고 말합니다.

오, 그리스도시여, 기도하오니 그들이 더욱 완전함으로 나아가게 하소서. 주님의 일을 하는 데 계속 초보에 머물러 있지 않게 하소서. 육신적이고 세상적인 것을 그들의 발아래, 세상 안에 두고, 야곱의 사다리를 오르게 하소서.

산지로 올라가 햇볕 따스한 청정의 산꼭대기에 이르기를 힘쓰게 하소서. 그곳은 공기는 희박하지만 그들을 기분 좋은 포옹으로 맞이하오니, 그들이 요단강을 내려다보며 하나님의 도성의 빛나는 꼭대기를 볼 것입니다.

거룩하신 예수님의 이름으로 구하오니, 허락하소서! 아멘.

013   우리를 위해 부서진 주님의 몸

아버지시여, 당신의 복이 이 말씀 위에 임하기를 기도합니다. 성찬 예배를 시작하면서 기도하오니, 온전한 겸손과 온유와 낮아짐의 마음을 품고, 당신의 선포에 부합하는 존재가 되게 하소서.

또한 우리의 성격과 특징을 알려주는 당신의 말씀을 곱씹으며 어떤 종류의 거룩한 자들이 되어야 하는지를 깨닫게 하소서. 우리를 어둠에서 불러내어 그분의 기이한 빛 안으로 들어가게 하신 분을 찬양하게 하소서.

모든 쓴 마음, 분개, 불안, 불만을 제거해주소서. 그리고 그분의 부서진 몸에서 흘러나온 피를 생각하면서 함께 기도하오니, 우리를 영과 혼의 조화 속으로 인도해주소서.

예수님의 이름으로 구합니다. 아멘.

014 무한한 속량

오, 우리 주 예수님이시여! 무한하고 유일무이하고 끝없는 가치와 능력이 당신의 피에 있었고, 지금도 그러합니다. 그 피의 속죄의 능력, 하나님의 심판대 앞에서 갖는 성취와 속량의 능력은 무한하며 유일합니다. 당신의 피 한 방울에도 한없는 가치가 있습니다.

그것과 비교하면 우리의 모든 죄는 유한합니다. 온 세상의 모든 죄를 합쳐도 당신의 피 한 방울보다 가벼우니, 이는 죄가 넘친 곳에 은혜가 훨씬 더 많이 넘쳤기 때문입니다. 우리는 한계를 지닌 채 죄를 범하지만, 당신은 한계가 없는 가운데 돌아가셨습니다. 당신의 피는 우리를 위해 무한히 흘렀습니다.

하나님이시여, 간청하오니, 당신이 우리를 징계하고 채찍으로 때리셔도, 우리의 소유를 뺏고 거두셔도, 욥에게 하셨듯이 우리를 잿더미에 올려놓으셔도 낙심하지 않게 하소서. 그 누구도 마귀에게 아무것도 내주지 않게 하소서. 마귀는 그 어떤 것도 받을 자격이 없습니다. 그는 예수님의 죽음에서 은혜를 얻을 수 있는 '가치 있는 자아'를 받을 자격이 없는 자입니다.

오, 하나님, 우리의 삶을 당신께 드리게 하소서. 당신께 맡겨 드리고 넘겨드리며, 이렇게 기도하게 하소서.
"주여, 제 삶을 취하시고, 당신께 거룩한 것으로 바쳐지게 하소서. 제 손과 발을 취하소서. 제 입술과 혀를 취하소서. 제 눈과 귀를 취하소서. 주여, 저를 당신의 것으로 삼아주소서!"

주여, 우리가 낭비되거나 소모품으로 사용되지 않고 값진 투자가 되게 하소서. 우리 자신을 투자할 때, 6퍼센트도 아니고 8퍼센트도 아니고 12퍼센트도 훌쩍 넘어, 천사들이 장부 정리를 다 할 수 없을 정도로 복리로 계산되어 무한히 증식하는 이윤을 남기게 하소서.

하나님, 우리의 기도를 들어주소서. 이렇게 결심하게 하소서.
"친구와 돈과 그 밖의 모든 것을 잃어도 제 자신을 십자가에 투자하고, 그리스도께 바치며, 어린양이 어디로 가시든지 따르겠노라!"
예수님의 이름으로 구합니다. 아멘.

015   보혈의 적용

사랑하는 주 예수님, 기도를 부탁한 사람들을 위해 기도합니다. 사단은 이들을 밀 까부르듯 하려고 합니다. 이들을 원합니다. 그러나 당신이 이들을 당신의 피로 사셨습니다. 이들을 위해 당신의 생명을 주셨을 때 당신의 영혼은 죄를 위한 제물이 되었습니다. 이들을 너무나 사랑하셨기에 당신을 속전으로 주셨습니다. 그러나 사단이 이들을 사로잡으려 애쓰기에 이들은 중간에 끼여 오도 가도 못합니다.

오, 주님, 기도하오니, 아직 기회가 있을 때 이들이 믿게 하소서. 예수 그리스도의 피가 모든 죄를 깨끗이 씻어준다는 것을 담대히 믿게 하소서. 보혈의 의미를 깊이 생각하고 묵상하는 마음을 허락하시어, 이들에게 보혈의 능력이 나타나게 하소서.

아버지시여, 우리 모두를 도우소서. 저를 포함하여 우리 중 누구도 속지 않게 하소서. 교회 리더, 주일학교 교사, 선교사들도 속지 않게 하소서. 길거리나 감옥이나 병원에서 복음을 증언하고 간증하는 사람들 중 그 누구도 속지 않게 하소서. 오, 주여, 우리 중 누구도 속지 않게 하소서.

이제 우리가 온전한 진리를 알고 평안을 누리길 원합니다. 그렇게 되면 하늘을 우러러 "일어나라, 내 영혼아, 일어나라!"라고 선포할 수 있을 것입니다. 크신 하나님이시여, 이들을 도우시되, 마지막 한 사람까지 도우소서! 아멘.

016 무한한 공로

오, 하나님, 힘을 북돋우는 말씀이 우리의 마음속에서 울리는 가운데 기도로써 당신께 나아갑니다. 기도하오니, 우리의 감사를 받아주소서. 우리가 살아있음에 감사합니다. 과거의 언젠가 태어난 것에 감사합니다. 우리가 태어나 죄를 짓고 길을 잃었지만, 선한 목자께서 우리를 찾아 어깨에 메고 기뻐하시며 집으로 데려와주셔서 감사합니다.

아버지시여, 제 마음을 말로 다 표현할 수 없을 정도로 감사합니다. 하나님, 우리의 말을 꽃다발에 담아 당신께 감사제물로 드립니다. 우리를 이 세상에 태어나게 하신 것과 우리가 주 예수 그리스도 안에서 거룩하신 성령에 의해 거듭나고 새로워져서 새로운 세계로 들어오게 하신 것을 감사합니다.

아버지시여, 우리는 당신의 말씀을 듣고, 노래로써 마음에 생기를 얻고, 기도하고, 무엇보다 당신을 예배하고, 당신께 예물을 드리기 위해 여기에 있습니다. 이런 것들을 행하되, 높고 거룩하신 하나님께 합당한 방법으로, 또 속량 받은 죄인다운 태도로 행하게 하소서.

아버지시여, 하나님께 합당한 예절을 보이지 못하는 우리의 무지를, 왕 앞에서 어떻게 행동해야 할지를 알지 못하는 우리의 무능을 너그러이 용서하소서. 우리는 배우고 있고 앞으로도 배울 것입니다. 그러므로 우리의 당혹감을 너그러이 봐주시고, 무지를 용서하소서. 그리고 모든 문제를 해결하는 예수님의 보혈을 통해 우리의 사랑과 신앙과 경배를 받아주소서.

주여, 우리가 영적으로 깨어 준비되게 하시고, 겸손한 마음으로 삶의 열매를 맺게 하소서. 당신이 우리 손에 맡기신 모든 것을 위해 구하오니, 우리가 거짓이나 부주의에 빠지지 않고 잘 감당하도록 도우소서. 병자들을 위해 기도하오니, 그들을 고쳐주소서. 그들이 어디에 있든지 당신이 위로하소서. 세상 곳곳에서 사별의 고통을 겪고 있는 사람들을 기억하소서.

이 땅에서 이루어지는 당신의 일을 살펴주소서. 닫혀있는 선교의 문을 기억하시고, 중국 같은 곳에서 선교의 문이 열리기를 간구하는 수많은 이들의 기도를 들어주소서.
주여, 우리는 포기하지 않습니다. 당신이 주권적 하나님이심을 믿으며, 저 수억 명의 사람들이 그리스도의 복음을 듣게 될 거라고 믿습니다. 주 예수 그리스도 안에서 믿음으로 당신을 기다립니다. 아멘.

017 　　　　　　　　　보혈의 부요함

오, 하나님! 주 예수 그리스도가 계셔서 우리는 '고통 속에 있는 당신의 인류'에 대해서도 감사할 수 있습니다. 우리는 흙으로 태어나 있는 건 뼈뿐이니, 적대적인 세상 앞에서 일어설 수가 없습니다. 지구의 중력 때문에 이 땅에 꼭 붙어있으므로 위로 날아오를 수 없습니다.

그러나 주 예수님, 우리는 '고통 속에 있는 당신의 인류' 속으로 기어 들어갈 수 있습니다. 보혈이 흐르는 그곳에 몸을 숨기고, 거기서 시작할 수 있으며, 그곳에서 정결함을 얻을 수도 있습니다. 바로 그때 당신이 우리를 앞으로, 위로 인도하실 것이며, 우리는 그들과 더불어 새롭게 시작할 것입니다.

예수님! 당신의 보혈과 의와 영광은 하늘에서 내려온 복입니다. 분노가 가득한 이 세상이 당신 안에서 기쁨의 옷을 입었으니 제 마음에 용기가 생깁니다.

오, 주 예수님, 우리가 무엇을 원하든지 도와주소서. 우리가 아무리 높이 솟아오르기를, 깊이 내려가기를, 멀리 가기를 원해도, 십자가와 보혈을 통한 승리만이 있게 하소서. 그 승리와 해방과 자유와 힘과 능력을 얻고, 계속 전진하도록 도우소서. 오, 주님, 우리를 위해 그 피를 흘려주심에 찬양합니다! 당신의 모범을 본받아 세례받은 이들을 위해 기도합니다. 이들은 고백했습니다.

"우리는 세상을 뒤로 던져버리고 새 삶으로 들어갑니다. 새로운 생명 안에서 일어납니다. 더 이상 율법이 아닌 은혜 아래에 있으며, 육체가 아닌 성령 안에서 행합니다."

오, 하나님! 각 사람을 위해 기도합니다. 우리가 당신의 교훈을 배워 회개하도록 도우소서. 사자와 용을 발로 밟고, 모든 나쁜 습관을 짓밟고, 모든 사악함을 뒤로 던져버려 지극히 깨끗해지도록 회개하게 하소서. 그리스도의 보혈이 우리를 거룩하게 할 때까지 계속 회개하게 하소서.

또한 기도하오니, 우리가 성령으로 충만케 하소서. 주 그리스도를 통해 당신의 자비와 은혜가 함께하게 하소서. 아멘.

018 그분의 죽음을 기억하게 하소서

아버지시여, 당신의 말씀이 복되게 하소서. 우리가 아는 최선의 방법으로 당신의 아들에게 순종하려고 힘쓸 때 우리의 마음을 준비시켜 주소서.

사랑하는 하늘 아버지시여, 당신의 아들 우리 구주께서 우리에게 떡을 떼고 동일한 잔으로 함께 마시라고 말씀해주셨습니다. 긴 세월 동안 당신의 자녀들은 어떻게 떡을 떼고 잔을 마셔야 하는지, 성찬식을 얼마나 자주 해야 하는지, 심지어 그것의 의미에 대해 의견의 일치를 보지 못했습니다.

우리가 당신 앞에 머리 숙이며 "주여, 우리가 이 모든 걸 다 압니다"라고 말하는 것은 불가능합니다. 우리는 모든 걸 알지 못합니다. 하지만 아는 한에서 최선을 다하길 원합니다. 온유하고 겸손한 마음으로 먹고 마시며, 주님이 오실 때까지 주님의 죽음을 기억하길 원합니다.

우리가 성찬식을 현명한 방법으로 할 줄 모른다 해도 겸손한 마음으로 하도록 도우소서. 성찬식에 관한 정확한 신학적 개념이 없어도, 그것을 보완하는 겸손과 부드럽고 친절한 믿음과 사랑이 있게 하소서.

33세의 그분이 그 아름다운 몸으로 흘리신 피를 생각하며 속으로 울고 감사하는 마음을 주소서. 칼자국도 없고 흠도 없고 병든 적도 없는 그분의 아름다운 몸이 우리를 위해 깨어진 것에 감사하게 하소서.

우리가 크게 감사하게 하소서. 자주 감사하지는 못해도, 세월과 전통 때문에 눈이 흐려져 감사에서 떠나 이곳저곳에 흩어져 있을지라도, 우리는 우리의 길을 갈 것입니다. 우리에게는 문제가 없을 것이며, 우리는 받아들여질 것입니다. 왜냐하면 머리로 이해하지 못해도, 당신은 사랑과 믿음을 받아주시기 때문입니다. 당신의 아들 예수 그리스도를 통해 구합니다. 아멘.

019 　　　　　　　　　　　희생의 제단

오 예수님! 당신은 이 땅에 내려와 동정녀 마리아에게서 나셨습니다. 아버지께서 당신에게 몸을 주셨지만, 그 몸은 못이 박히고 창에 찔릴 몸이었습니다. 당신은 당신이 사랑하는 사람들, 당신이 구원하러 오신 바로 그들에 의해 십자가에 못 박히셨습니다. 그리고 말씀하셨습니다.

"세상이 너희를 미워하면 너희보다 먼저 나를 미워한 줄을 알라"(요 15:18).

그리고 또 이렇게 말씀하셨습니다.

"너희가 미움 받으리라는 것을 알고 각오하고 대비하라. 그리고 온 인류에게 복음을 전하라. 만국의 사람들을 제자로 삼아라. 나를 믿게 될 소수의 사람이 있을 것이다. 악한 사람, 유혹하는 자들은 끝이 올 때까지 점점 더 악해질 것이다."

오, 주 예수님, 우리는 저항할 수 없는 움직임에 이끌려 끝을 향해, 심판을 향해 나아가고 있습니다. 이 아침에 기도하오니, 늘 조심하게 하소서. 다른 종교인들은 진실을 무시하며 앞으로 나아가지만, 우리는 그들처럼 무조건 나아가지 않게 하소서.

주님, 간절히 기도하오니, 우리가 공작새처럼 깃털을 들어 올리고 곧게 세워 자신을 실제보다 다섯 배 크게 보이도록 하는 일이 없게 하소서. 우리가 얼마나 작은지, 얼마나 악한지, 어린양의 보혈과 하나님의 용서의 사랑이 얼마나 절박하게 필요한지를 깨닫도록 도와주시기를 기도합니다.

우리의 마음이 깨어 겸손하게 하시고, 눈이 맑고 밝아져 안개를 꿰뚫어 보아 저 산들에 부딪히지 않도록 도우소서. 꿰뚫어 볼 눈과 목자의 음성을 들을 귀를 주소서. 분별력 있는 후각을 주시어 옳은 것과 그른 것을 구분하게 하소서.

겉으로 시늉만 내는 가식에서 건지소서. 갈보리로 돌아가 사실을 직시하게 하시고, 우리가 하나님에게서 난 자들이라고 속삭여 주시는 성령님의 증언에 귀 기울이게 하소서.

주여, 당신의 교회에 복을 내리소서. 바알에게 무릎 꿇지 않은 7천 명이 당신에게 있었고, 이 시대에는 분명히 그보다 더 많은 사람이 바알에게 무릎 꿇지 않았기에 감사합니다.

오, 주여, 그런 사람들에게 복을 주소서. 교파와 피부색을 초월하여 모든 하나님의 참 성도에게 복을 주시길 간절히 구합니다. 그들은 '거부당한 구주'와 자신을 동일시했습니다. '그들이 지극히 사랑하는 분'의 팔을 의지했으며, 거부당할 것을 각오했고, 결국 받아들여질 때까지 싸웠습니다. 잠시 당신을 기다리는 이때에 예수님의 거룩한 이름으로 우리를 도우소서. 아멘.

020　어린양에 의해 깨끗함을 얻습니다

주여, 우리가 어린양에 의해 깨끗게 되었음을 전심으로 믿게 되어 감사합니다. 정결케 된다는 진리가 당신의 것임을 앞으로도 계속 믿을 것입니다. 우리의 음성이 연약하고 희미해져 더 이상 이를 노래할 수 없을 때도 믿을 것입니다. 예수님의 보혈이 모든 죄를 깨끗게 함을 믿고 또 속삭일 것입니다.

아버지시여, 이것을 거부하거나 또는 설명하려고 애쓰다가 당신의 마음을 아프게 해드리는 일은 없을 것입니다. 어차피 우리는 이것을 설명할 수 없기 때문입니다.

우리는 믿는 자들입니다. 우리의 믿음은 깨달음에 이르게 하는 통로입니다. 어린양께서 죽으시며 흘리신 피가 그분의 교회를 눈처럼 희고 깨끗하게 하는 줄 믿습니다.

우리는 믿기에 또한 압니다. 교회는 그분과 하나가 될 것입니다. 교회는 우리를 기다리고 있는 그 기쁨의 날에 아버지의 존전으로 나아갈 것입니다. 이 모든 것을 생각할 때, 세상이 얼마나 작고 보잘것없어 보이는지요! 우리를 힘들게 하는 온갖 자잘한 것들이 얼마나 하찮은지요!

간절히 구하오니, 당신의 선한 호의와 친절한 손이 우리와 함께하게 하소서. 예수 그리스도 안에서 우리에게 미소를 보내주소서. 우리는 지금 이 땅에 살면서도 천국에서 살고 있음을 알고 느끼며 확신할 수 있습니다.

주 예수 그리스도의 은혜와 자비가 임하게 하소서. 아멘.

하나님 말씀을 신뢰하는 기도

3장

Approaching the Almighty :
100 Prayers *of* A. W. Tozer

성경이 말하는 기도의 능력과 유익

나는 미구엘 데 몰리노스(Miguel de Molinos, 스페인의 신비주의자, 1628-1696)에게 배운 기도의 정의를 소개하고 싶습니다. 스페인의 위대한 성도였던 그는 이렇게 말했습니다.

"기도는 우리의 마음이 하나님께 올라가는 것이며, 또한 우리의 마음을 그분에게로 올려드리는 것입니다."

그의 정의는 매우 간단합니다. 기도는 우리의 마음이 하나님께 올라가는 것입니다. 또한 마음을 그분께 올려드리는 것입니다. "기도는 마음이 올라가는 것"이라는 말은 '마음이 하나님께 올라간다'라는 뜻을 표현하지만, "기도는 마음을 올려드리는 것"이란 말에는 '마음을 올려드리기 위해 우리가 해야 할 게 있다'라는 뜻이 내포되어 있습니다.

하나님은 모든 피조물 위에 계시기에 우리가 자신을 모든 피조물 위로 올려드리지 않으면, 우리의 영혼은 그분을 볼 수도 없고, 그분과 대화를 나눌 수도 없습니다.

그러니까 몰리노스에 의하면 기도는 영혼을 하나님께 올려드리는 것, 즉 '영혼을 하나님께 날아오르게 하는 것'입니다. 이것은 기도의 훌륭한 정의입니다. 그런데 성경을 보면, 기도에 대해 더욱 구체적으로 가르쳐주는 구절들이 나옵니다.

야고보서 5장 16절에 따르면 기도는 효력이 있습니다. 사실 '효력이 있다'라는 말은 매우 약한 표현입니다. 왜냐하면 구약과 신약이 실례를 들어 보여주며 가르치는 기도의 능력이 실로 어마어마하기 때문입니다.

동일한 야고보서 5장의 엘리야의 이야기에서는 성령님이 기도의 놀라운 능력을 보여주십니다. 엘리야는 하늘을 열거나 닫을 능력을 기도를 통해 보여주었습니다. 그가 원하면 구름에서 비가 내렸고, 원하지 않으면 비가 내리지 않았습니다. 이것은 기도의 효력을 보여주는 실례입니다.

그런데 야고보서 4장 2,3절에 의하면, 우리는 대개 두 가지 이유로 기도의 유익을 얻지 못합니다. 하나는 기도하지 않는 것이고, 다른 하나는 이기적 목적으로 구하는 것입니다. 이처럼 구하지 않거나 이기적 목적을 위해 구하느라 기도의 큰 효력을 얻지 못하는 건, 아주 잘못된 일입니다.

또 우리가 살펴볼 것은 누가복음 18장 1절에 나오는 주님의 말씀입니다. 주님은 우리 앞에 어려움과 문제가 놓여있을지라도 항상 기도해야 한다고 가르치십니다.

내가 아는 한, 그분이 비유를 말씀하시기 전에 비유의 목적을 미리 설명한 유일한 경우가 바로 이 구절입니다. 또한 주석가들이 논쟁의 대상으로 삼지 않는 비유이기도 합니다.

대부분의 주석가들은 비유의 목적에 대해 논쟁할 때 참을성과 친절함을 보이면서도 종종 의견을 달리합니다. 하지만 누가복음 18장 2절에서 시작되는 비유에 대해서는 의견을 달리할 수 없는데, 주님이 "항상 기도하고 낙심하지 말아야 할 것을 비유로"(눅 18:1) 가르치셨다고 기록되어 있기 때문입니다. 비유가 제시되기 전에 먼저 그 목적을 설명한 것입니다. 그리고 이어지는 비유는 짧지만 하나의 이야기로서 손색이 없습니다.

"내가 너희에게 이 이야기를 들려주는 이유는 너희가 항상 기도하고 낙심하지 않도록 하기 위함이다"라는 그분의 말씀을 기억합시다. 전능하신 하나님은 항상 기도하라는 명령으로 끝내시지 않고, 항상 기도하는 사람에게 기도의 능력과 유익이 주어질 거라고 그분의 말씀을 통해 확실히 못 박아주셨습니다.

021 분명한 말씀

오, 그리스도시여, 모든 것이 아주 단순함에도 우리는 유대인처럼 기적을 좇으며 헬라인처럼 지혜를 찾아 헤맵니다. 하나님은 말씀하셨습니다.

"너희가 너희의 행위를 고치고 내 음성에 순종하면 내가 너희를 눈보다 더 희게, 양털처럼 하얗게 씻어줄 것이고, 너희는 땅의 아름다운 소산을 먹게 될 것이다."

당신의 말씀처럼 이토록 간단한 것입니다! 간절히 구하오니, 우리를 도우시어 당신의 말씀의 성취를 보게 하소서. 이 진리의 보석들을 버리는 어리석음을 범하지 않게 하소서. 당신이 그토록 분명히 말씀하셨음에도 못 듣는 일이 없도록 도우소서.

오, 성령 하나님, 우리에게 복을 주소서. 간절히 구하오니, 당신의 자비의 화살을 다시 빼낼 수 없을 정도로 우리 마음에 아주 깊숙이 박아주소서. 그리하시면 우리는 갈보리의 샘으로 가서 정결과 죄 사함과 치유를 얻을 것이고, 죄책감의 오랜 상처가 씻기고 치유될 것입니다. 당신을 바라보며 기다리오니 도우소서. 아멘.

022 은혜로운 약속들

우리 아버지시여, 이 시간 이런저런 생각들 속에서 당신께 가까이 나아갑니다. 그러나 당신께 가까이 가는 때도 있지만, 우리의 생각이 곁길로 나가 길을 잃기도 합니다. 이 시간에 멀리 나가 헤매던 생각을 불러들여 당신과 당신의 아들과 성령님과 당신의 보편적 교회와 당신의 나라와 일에 집중하길 원합니다.

엄격하면서도 자비로운 당신의 말씀과 약속에 감사합니다. 그리고 그 약속을 지키시는 당신께 감사합니다. 또한 당신의 자녀들에게 감사합니다. 그 무리 중 믿을 수 없을 만큼 많은 자가 어딘가에서 휴가를 보내거나 여행을 하거나 낯선 도시의 낯선 교회에서 예배를 드리고 있을 것입니다. 그들 한 사람 한 사람을 위해 기도합니다.

주여, 그들은 우리의 양이며 당신의 양이오니, 그들을 지켜주소서. 도덕적으로든 육신적으로든 그들에게 아무 일도 일어나지 않게 하소서. 그들을 지켜주셔서 우리와 다시 합류하게 하소서.

미국의 여러 주와 캐나다에서 열리는 모든 신앙대회와 하계 사경회에 당신의 자비를 부어주소서. 일어나 말씀을 전하는 모든 이에게 복을 내리소서.

크신 하나님이시여, 우리를 현재보다 더 나은 존재로 만들어 주소서. 겸손하고 소박한 마음을 주시고, 당신을 향한 목마름이 있게 하소서. 먹고살기 위한 방편으로 하나님의 일을 하지 않게 하시고, 설교단에 서는 일이 타성에 빠지지 않게 하소서. 전심으로 기도하오니, 우리의 일을 기계적으로 반복하지 않게 하소서.

보냄을 받지 않았는데도 달려가는 거짓 선지자가 되지 않게 하소서. 성령께 순종하여 메시지를 전하는 선지자와 교사와 거룩한 사람을 보내주소서. 이들이 성령의 감동으로 기록된 하나님의 말씀을 선포하도록 인도하소서.

온 세상에서 일어나는 당신의 일에 복을 내리소서. 우리나라를 위해 기도합니다. 자비로우신 아버지시여, 우리나라를 기억하소서. 우리에게 낙관적 믿음과 소망을 주소서. 국민을 위해 아무것도 하지 않는 것 같은 이 나라를 위해 기도할 용기를 주소서. 우리를 당신께 되돌리시고, 진노 중에도 자비를 기억하소서!

오, 주여! 당신 앞에서 경배할 때 복을 주소서. 어린아이와 같은 투명한 마음, 소박한 영혼, 움츠러들지 않고 위로 점점 올라가 눈을 들어 당신을 응시할 수 있는 믿음을 주소서.

우리의 눈에 당신의 선하심과 은혜가 보입니다. 아픈 자들을 기억하소서. 수술받은 형제자매를 위해 기도합니다. 또 병든 자를 간병하는 이들도 기억하소서.

우리에게 은혜를 베푸소서. 우리를 깊이 생각해주시고, "너희를 향한 나의 생각을 내가 아나니 평안이요 재앙이 아니니라"(렘 29:11)라는 말씀대로 행해주소서. 오, 하나님, 은혜와 평강의 깊은 눈길을 보내주시길 기도합니다. 당신의 아들 우리 주 예수 그리스도의 이름으로 구합니다. 아멘.

023   **영원한 말씀**

오, 하나님! 진리에 대해 감사합니다. 그 진리는 우리의 마음에 빛을 비춰주고, 낙심한 마음에 힘과 활력과 격려와 도움을 주는 놀라운 진리입니다. 그 안에서 당신의 심장박동을 느끼고 당신의 임재의 따스함을 느낍니다.

우리가 함께 당신의 말씀을 읽습니다. "내가 행하리라!"라는 약속의 말씀에서 당신의 큰 관심과 인자하심을 느낍니다. 그럴 때면 "오, 주여, 그렇게 하겠습니다. 당신을 따르며, 당신에게 순종할 것입니다"라고 화답하고픈 마음이 우리 안에서 샘솟습니다.

당신은 천둥 치는 은밀한 곳에서 말씀하십니다.
"주의 폭포 소리에 깊은 바다가 서로 부르며"(시 42:7).
기도하오니, 우리의 손을 무거운 짐에서, 우리의 어깨를 멍에에서 건지시고, 대신 당신의 편한 멍에를 얹으소서. 당신의 계명은 우리를 괴롭게 하지 않고, 당신의 멍에는 쉽고, 당신의 짐은 가볍기 때문입니다.

오, 하나님, 우리가 드리는 예배를 위해 기도합니다. 어리석은 근심 걱정을 멀리 쫓아내 주소서. 영혼을 갉아먹는 부식성 산(酸)을 멀리 제하여주시며, 치유의 기름과 냄새 좋은 향수를 부어주소서. 이 시간 경배의 마음을 주소서. 우리 존재의 근원이며 기반이신 아버지를 예배하겠다는 갈망을 부어주소서. 주여, 우리에게 언제나 말씀하시는 영원한 말씀이시여, 지금 도우소서!

이 땅의 나라와 교회와 당신의 일과 우리의 조상들에게 주신 약속을 기억하소서. 당신의 아들 예수님과 사도들을 통해 주신 약속을 우리가 믿습니다. 당신의 거룩한 피로 인치신 언약을 기억하시고 때가 되면 이루어주소서. 당신을 믿고 기다리며 의지합니다. 예수님의 귀한 이름으로 구합니다. 아멘.

024   진실한 말씀

오, 주님, 아버지께서 당신을 우리에게 주셔서 감사합니다. 아버지께서는 말씀하셨습니다.

"내가 택한 종 곧 내 마음에 기뻐하는 바 내가 사랑하는 자로다"(마 12:18).

오, 그리스도시여, 우리가 당신을 사랑합니다! 당신은 우리가 당신을 사랑하는 줄 아십니다. 우리는 당신의 아름다운 이름을 사랑합니다. 당신의 모든 이름과 당신이 행하신 모든 일과 당신이 하신 모든 말씀이 우리에게 소중합니다.

우리는 진리 전체를 알기 원하고, 그것에 대해 무엇인가를 할 수 있기를 원합니다. 우리가 추상적 관념에 감정적으로 매달리는 불쌍한 사람들인지, 아니면 당신의 추종자로서 말씀에 순종하는 자들인지 알기를 원합니다.

우리에게 주신 놀라운 말씀은 우리가 무엇을 하며, 어떻게 살아야 할지를 가르쳐주고, 또 내주하시는 성령님을 통해 능력도 줍니다. 당신은 명령하신 것을 행하도록 능력을 주십니다. 당신의 모든 계명에는 이미 그것을 행할 능력이 내포되어 있습니다.

오, 예수님, '일관성이 없는 기독교'인 이단에서 우리를 구하소서. 우리의 발이 걷지 못하는 일이 생기지 않도록 우리의 발을 머리와 멀리 두게 하소서. 우리의 사랑이 순종의 열매를 맺고, 우리가 당신을 따를 수 있도록 당신의 사랑을 우리의 손과 발, 그리고 우리의 의지 안에 두소서.

그리하시면 우리가 언제나 당신의 말씀대로 기꺼이 행하고 당신의 교훈을 실천할 것입니다. 날마다 십자가를 지고 자신을 부인하며 '하늘의 도성'을 향해 여행하는 저 어린 '그리스도인'처럼 당신의 뒤를 따라 나아가면서 눈을 들어 떠오르는 빛을 볼 것입니다. 크신 하나님이시여, 우리가 볼 수 있도록 도우소서. 자비를 베푸시어 복을 내리소서. 예수님의 이름으로 기도합니다. 아멘.

025   말씀에 빛이 비추입니다

구주시여, 우리의 영적 갈증과 결의와 목적은 끊임없을 것이며, 우리는 산꼭대기를 향해 계속 전진할 것입니다. 자신의 의를 거부하고, 대신 믿음으로 하나님께 얻는 의로써 부름의 상을 향해 계속 달려갈 것입니다.

주 하나님, 능력과 해방과 구원을 경험하게 해주셔서 감사합니다. 우리는 애굽에서 나왔고, 요단강을 건너 거룩한 땅으로 들어가 북쪽으로 올라가면서 정착했고, 그곳의 주민들을 쫓아내어 그 땅을 점령했습니다. 모든 것이 우리 앞에 있습니다. 기도하오니, 흔들림 없는 목적의식이 조용히 우리의 마음을 속속들이 채우게 하소서. 그리하시면 어떤 대가를 치르더라도 당신을 섬기겠다고 굳게 결심하며 당신의 얼굴을 구할 것입니다.

우리 주 예수님, 마음에 굶주림이 있는 사람의 손에 선한 책을 쥐여주시고, 그 책이 옳은 방향으로 사용되게 하소서. 성경 말씀에 빛을 비춰주셔서 우리가 진리를 보게 하소서.
간절히 구하오니, 장로들의 유전에서 우리를 구하소서. 악해지는 세상과 더불어 교회도 식고 차가워져 신앙이 신약성경의 기준에서 자꾸 멀어지는 일이 일어나지 않게 하소서. 오히려 영적인 슬기로움과 열정과 갈망이 흘러넘치는 가운데 도약하게 하소서.

우리의 마음을 부싯돌처럼 단단하게 하소서. 사악하고 간음하는 잉글랜드에서 신앙을 지킨 감리교 신자들처럼, 소돔의 롯처럼, 바벨론의 다니엘처럼, 가이사 집안의 성도들처럼(빌 4:22) 되기를 굳게 결심하게 하소서. 이들이 그랬듯이 우리도 환경에 무릎 꿇지 않게 하소서. 삶과 종교적 환경을 초월하여 오직 당신 안에서 안식하겠다고 굳게 다짐하게 하소서. 자비로우신 아버지시여, 그렇게 되도록 허락하시기를 간구합니다. 우리 주 예수님의 이름으로 구합니다. 아멘.

026 말씀의 성취

베드로가 배에서 내려 물 위로 걸었듯이, 우리도 밖으로 발을 내디뎌 당신의 말씀 위를 걷게 하소서. 기도하오니, 발을 내려다보지 않고 눈을 들어 당신을 보며, 이렇게 기대하게 하소서.

'그분의 말씀이 이스라엘을 위해 기록된 그대로, 또 저 큰 날에 예언적으로 성취될 그대로 우리 안에서 성취될 것이다. 또한 그분의 말씀이 담대히 그분을 신뢰하고 따르는 모든 자녀 안에서 영적으로 성취될 것이다.'

아버지시여, 당신의 복이 우리 위에 임하길 기도합니다. 이 큰 도시를 생각합니다. 오늘날 도시에 짙게 깔린 어둠은 사람들의 마음에 가득한 정욕, 증오, 탐욕, 술 취함, 세속성 그리고 불신앙을 상징합니다. 말로 다 표현할 수 없을 만큼 짙은 어둠이 우리를 덮고 있습니다. 그러나 주여, "사망의 땅과 그늘에 앉은 자들에게 빛이 비치었도다"(마 4:16)라고 기록되어 있지 않습니까?

그러므로 등대이신 당신이 이 빛을 우리에게 비춰주소서! 주여, 우리는 그 빛을 받을 자격이 없습니다. 우리 역시 어둠에 속해있습니다. 때로는 이 세상의 길을 따라 어둠 가운데 행합니다.

오, 하나님, 우리에게 빛을 비춰주소서. 이 도시의 동서남북 변두리에 빛을 비추소서. 말씀 선포를 듣기 위해 모여든 크고 작은 회중이 있사오니, 이 도시 전체에 빛을 비추소서.

전심으로 구하오니, 당신의 말씀을 높이시고, 당신의 백성에게 복을 주시고, 사단의 마음을 흔들어놓으소서. 그를 충격과 불안에 빠뜨리소서. 그의 뒤를 바짝 따라가 막으소서. 가증한 반역자를 쫓아내시고, 당신의 백성을 풀어주시며 해방하소서. 그리하시면 그들이 지극히 높으신 하나님의 종으로서 살아갈 것입니다.

오, 주 하나님! 우리나라와 세계를 불쌍히 여겨 구하시고 복을 내려주소서. 외국에 나가 복음을 전하기 위해 애쓰는 선교사와 그를 지원하는 위원회, 그리고 개별적으로 사역하는 선교사에게 복을 내리소서. 세상의 모든 곳에 큰 복을 내리시고, 우리와 함께하소서. 당신과 주 예수 그리스도께 찬양을 드립니다. 아멘.

027   빛을 비춰주는 말씀

하늘에 계신 우리 아버지, 거룩한 말씀을 듣는 것만으로도 격려와 힘을 얻고 새로워집니다. 당신의 말씀에 의해 만물이 생겨나 존재하게 되었다고 말씀하시지 않았습니까? 당신은 말씀하셨고, 그 말씀대로 되었습니다. 당신이 명령하셨고, 그 명령대로 나타났습니다.

당신은 말씀을 보내어 사람들을 치료해주셨습니다. 당신이 말씀하셨을 때 나사로가 무덤에서 나왔습니다. 당신은 말씀으로 우주를 붙들고 계십니다. 그리고 창세 전에 그리스도 예수 안에서 세우신 당신의 영원한 계획을 말씀으로 실행하고 계십니다. 당신께 영광을 돌립니다. 당신을 예배합니다. 아버지와 아들과 성령님이시여, 이 아침에 당신을 찬양합니다.

아버지시여, 우리의 마음을 위로 향하여 당신께 집중하게 하심에 감사합니다. 당신께서 우리의 마음을 고양시키셔서, 우리 존재의 원천이요 창조자이신 당신의 신성에 집중하게 하셨습니다. 생명과 지성과 지각을 주셨고, 거룩한 것을 받아들여 그 가치를 알 수 있는 능력도 주셨습니다.

아버지시여, 당신을 경배합니다. 우리의 형제 중 많은 이가 당신을 경배하듯이, 세상 곳곳의 다양한 장소에서 여러 교파의 교회들이 예배하듯이 우리도 여기서 예배합니다.

오, 주님, 그리스도의 이름을 사랑하고 그분을 거룩히 여기고 신뢰하는 사람 중 어떤 이는 여러 곳에서 당신을 증언합니다. 우리도 그들처럼 당신을 증언하게 될 것이기에 감사합니다.

우리는 성도의 아름다운 교제를 믿습니다. 그리고 장자들의 모임과 교회를 믿고(히 12:23), 당신을 사랑하며 성령으로 태어나 피로 씻음 받은 모든 사람을 믿습니다.

아버지시여, 선교에 대한 정보와 선교를 향한 열정과 선교를 위한 헌금이 풍성히 넘치는 날이 오기를 바라는 열망 속에서 기도하게 하소서. 단 한순간도 우리의 기도가 당신을 향한 사랑과 경배의 마음에서 이탈하지 않기를 기도합니다.

지구를 한 바퀴 돌아 회심자를 한 명 더 만들어낸다 해도, 그것이 그를 그리스도인으로 만들지 않고 그의 상태를 이전보다 더 나빠지게 한다면, 그런 선교는 그만하겠습니다. 기도하오니, 신약의 비전을 허락하시고 그것이 항상 우리의 시야 안에 있게 하소서.

아버지시여, 우리나라를 위해 기도합니다. 대통령, 각료, 입법자, 그리고 권세를 가진 모든 이를 위해 기도합니다. 주권자 하나님이시여, 느부갓네살과 다리오가 알지 못하는 중에 그들에게 말씀하시고 그 의지를 꺾으셨듯이, 대법원과 의회와 권세자들이 알지 못하는 중에 자기들의 의지를 꺾어 당신의 목적과 뜻에 굴복하게 하소서. 그들이 생각할 시간조차 없을 정도로 바쁠지라도 그들을 꺾으소서.

이 땅에서 살다가 세상을 떠난 무수한 당신의 사람의 기도에 응답하소서. 그들이 어린양의 피로 씻기고 눈물로 얼룩진 거룩한 기도를 당신께 올려드리지 않았습니까? 그들의 기도가 사라지거나 잊히지 않고, 해방과 자유의 성채인 이 나라와 이 땅을 위해 기억되고 응답되게 하소서.

이 성채는 아주 귀중한 선물입니다. 우리가 오용하지 않게 하소서. 다만 이 귀한 선물을 주신 분께 경외심과 감사함을 갖고 살아가게 하소서. 우리가 드리는 예배를 통해 우리를 도우시고, 예수 그리스도를 통해 도우시기를 기도합니다. 아멘.

028   오래되었지만 여전히 진리인 것

아버지시여, 우리에게 말씀을 주셔서 감사합니다. 이 말씀은 해처럼 오래되었지만, 지금도 빛나고 있습니다. 해와 별들처럼 과거의 것이지만 오늘 일어난 일처럼 신선하고 새로우며 여전히 적용 가능합니다. 당신의 이름을 찬양하오니, 이는 말씀이 말씀에 의존하고, 창세 전부터 계신 '살아계신 말씀'이 '기록된 말씀'의 뿌리이며, 그분을 통해 '기록된 말씀'을 우리에게 주셨고, 빛이 '살아계신 말씀'과 '기록된 말씀'을 연결해주기 때문입니다.

오, 하나님, 말씀이 오늘 새 힘을 줍니다. 우리는 당신 안에서 새 힘을 얻고, 당신께 소망을 둡니다. 현재도 그렇고 앞으로도 영원히 당신의 이름을 찬양할 것입니다. 우리가 함께 노래할 때 당신의 복이 임하게 하소서. 당신을 경배하는 거룩한 행위로서 예물을 만들어 바치오니, 당신의 복이 우리 위에 내리게 하소서. 우리가 말씀의 의미를 풀어내고 함께 이야기할 때, 당신이 우리에게 말씀하시고 또 우리를 통해 말씀하실 줄 믿습니다.

크고 작은 교회들로 가득한 이 도시에 복을 내리시어 우리를 도우소서. 모든 선교회에서, 또 간단하게나마 복음을 전하는 여러 장소에서 진리가 넘치게 하소서. 우리나라를 위해 기도하오니, 자비를 베푸소서. 부와 돈과 재미와 쾌락과 사치에 푹 빠진 이 나라를 불쌍히 여기소서. 헬라와 로마, 니느웨와 두로의 길을 가지 않도록 구하소서. 우리의 불이 산 위에서 약하게 타다가 결국 꺼져버리지 않도록 구하소서. 이 대륙을 눈물과 땀과 피로써 물들이고 거룩하게 한 조상들을 기억하소서.

하나님이시여, 당신의 백성에게 복을 주소서. 북쪽에 있는 나라, 캐나다에 복을 내리소서! 그리스도인이 많은 이 친한 나라를 위해 기도합니다. 저 아래 남쪽 국경 너머의 멕시코로 가서 일하는 사람들도 기억하소서. 그들은 몇 세기 동안 이교의 전통에 빠진 사람들을 찾아가 말씀을 전했습니다. 많은 이가 그리스도의 복음의 빛을 받고 구원을 얻게 하소서. 그리고 전 세계 모든 교단의 해외 선교 거점과 선교회에 복을 주소서.

기도하오니, 그리스도의 몸이 속히 완성되는 복을 내리소서. 그리하시면 그리스도께서 오시어 그분의 신부의 손을 잡고 당신의 존전으로 인도해가실 것이며, 그분을 아는 모든 존재는 그분의 신부를 귀하게 여길 것입니다.

우리 주 예수 그리스도의 이름으로 구합니다. 아멘.

029 살아있는 말씀

"여호와께서 다스리시니 스스로 권위를 입으셨도다 여호와께서 능력의 옷을 입으시며 띠를 띠셨으므로 세계도 견고히 서서 흔들리지 아니하는도다 주의 보좌는 예로부터 견고히 섰으며 주는 영원부터 계셨나이다 여호와여 큰 물이 소리를 높였고 큰 물이 그 소리를 높였으니 큰 물이 그 물결을 높이나이다 높이 계신 여호와의 능력은 많은 물소리와 바다의 큰 파도보다 크니이다 여호와여 주의 증거들이 매우 확실하고 거룩함이 주의 집에 합당하니 여호와는 영원무궁하시리이다"(시 93:1-5).

하늘에 계신 사랑하는 아버지여! 당신을 찬양합니다. 당신의 무수한 말씀 중에서 다섯 절을 함께 읽는 것만으로도 이토록 마음에 새 힘을 얻습니다.

주님, 당신이 큰 인자를 베풀어 우리에게 책을 주셨고, 그 책에 당신의 생명의 숨을 불어넣으셨습니다. 그러므로 그 책은 죽은 말들로 가득한 책이 아니라 숨 쉬고 보고 듣는 책이 되었고, 우리는 살아있는 당신의 말씀을 들을 수 있습니다.

이날에 당신의 복이 임하길 기도합니다. 우리의 기도가 거룩한 성령 안에서 나누는 완전한 교제가 되기를 원합니다.

주여, 기도하오니, 당신이 말씀하시는 것을 듣게 하시고, 묵상하도록 도우소서. 당신을 생각하고 정신을 집중하게 하소서. 그 어느 때보다 오늘 더욱 당신을 사랑하는 법을 배우게 하소서. 이를 방해하는 것은 무엇이든 다 제거해주소서.

당신의 사람들을 기억하소서. 시간이 흐르면서 해외 선교지의 사정이 점점 더 어려워지는 것을 당신은 잘 아십니다. 어둠이 지배하는 그곳에 공산주의, 이슬람교, 가톨릭, 다양한 형태의 민족주의가 비집고 들어와 진리의 흐름을 방해하며 우리 선교사들의 자유로운 복음 전파가 불가능해지고 있습니다.

오, 하나님, 당신의 사람들을 위해 기도합니다. 당신의 복이 온 세상에 퍼져있는 교회 위에 임하게 하소서. 우리가 사는 이 도시에 오늘 임하소서. 그리스도의 사랑이 넘치는 담대한 사람들 위에 성령의 기름부으심이 임하여 진리가 전파되게 하소서.
간절히 구하오니, 그리스도인의 모든 활동이 세상과의 분리, 정결, 구원 그리고 복과 같은 아주 선한 것을 낳게 하소서. 예수 그리스도, 그분의 거룩한 이름으로 구하오니 우리를 도우소서. 아멘.

030   빠르고 강력하며 총명하게 하소서

아버지시여, 당신의 말씀으로 인해 감사합니다. 당신의 말씀은 우리의 피난처요 소망이요 버팀목이며, 우리를 안심하게 합니다. 당신의 말씀이 우리의 모든 것입니다. 우리는 당신의 말씀을 사랑해왔고 지금도 사랑합니다. 그 말씀을 깊이 생각하기 위해 아침에 일어나며, 그 말씀을 묵상하는 밤이 기다려집니다.

기도하오니, 위기가 찾아올 때마다 그 말씀이 우리의 주의를 끌게 하시고, 그 말씀을 실컷 먹으며 믿고 순종하도록 도와주소서. 당신의 말씀에 순종할 때 멋진 성공이 찾아올 것이니, 보소서, 당신이 모세와 함께 계셨던 것처럼 우리와 함께 계실 것입니다.

아버지시여, 주의 날에 경배하기 위해 모였습니다. 아름다운 날을 주시고, 함께할 사람들을 주셔서 감사합니다. 주여, 우리 주변에서 들리는 생명의 소리, 즉 사람들이 죽지 않고 살아있음을 상기시키는 소리들로 인해 감사합니다. 우리 주변에는 죽음, 파괴, 연기 나는 폐허 그리고 적의 폭격기 소리가 있지 않고, 대신 사람들이 땅을 거처 삼아 일하고 건축하고 나무를 심고 나이 들어가고 있습니다. 오, 하나님, 전심으로 구하오니, 우리가 주변 사람들에게 간증하는 일을 잊지 않도록 도우소서.

슬픔이 있는 집을 위해 기도합니다. 가족과 사랑하는 사람을 잃고 슬픔에 잠긴 사람들에게 복을 내리소서. 간절히 구하오니, 당신의 거룩한 섭리를 통해 이 비극이 오히려 선한 열매를 맺게 하소서. 그리하시면 한 사람의 죽음이 그리스도의 영광을 드러내고 인류에게 유익을 가져올 것입니다.

주님, 구하오니, 당신의 자녀를 지켜주소서. 출타 중인 사람들을 위해 기도합니다. 그들 모두에게 지혜와 은혜, 특별한 자비를 내려주소서. 당신의 참 자녀 중 얼마나 많은 이가 저 밖의 고속도로를 달리고 있을지 생각하게 됩니다. 그들은 이곳저곳을 바쁘게 돌아다닙니다. 어떤 이는 그렇게 바쁘게 돌아다녀서는 안 되는데도 어쩔 수 없이 그러고 있습니다. 또 어떤 이는 호수에 있거나 그 밖의 위험한 곳에 있고, 비행기를 타거나 차를 운전하는 사람, 바다를 돌아다니는 사람도 있을 것입니다. 섭리와 기적을 통해 당신의 사람들을 지켜 보호해주소서.

오, 하나님, 이제 당신을 믿고 의지합니다. 이날에 우리와 함께하소서. 전파된 당신의 말씀이 헛되이 돌아오지 않게 하소서. 주 예수님의 이름으로 구합니다. 아멘.

031   소망으로 가득한 말씀

아버지시여, 성령의 내적 사역의 기적에 대해 당신께 감사합니다. 당신은 우리와 다른 한 민족을 위해 기록된 구약의 말씀을 보게 하셨습니다. 이 말씀이 마치 우리를 위해 기록된 것처럼 우리에게 적용되오니, 이는 성령이 하신 일입니다.

소망으로 가득한 이 격려의 말씀을 찬양합니다. 당신이 이 말씀을 이스라엘에게 적용하셨고, 이스라엘 안에서 성취하셨으며, 앞으로도 성취하실 것이기에 감사합니다. 무수한 사람이 지극히 큰 위로를 주는 이 말씀에 의지하여 고통과 질병에서 벗어난 것도 감사합니다.

우리는 전투를 시작했습니다. 세상의 먼 곳까지 갔습니다. 매우 어려운 상황에 직면했지만, 이 말씀을 믿고 의지했을 때 당신은 우리를 실망시키지 않으셨습니다. 당신은 당신의 말씀을 귀하게 여기시고 또 말씀대로 행하셨습니다.

오, 아버지시여, 우리 주 예수 그리스도를 통해 기도하오니, 우리를 도우소서. 조상들이 당신을 신뢰하여 버림받지 않았던 것처럼 우리도 당신을 신뢰하게 하소서. 또 기도하오니, 이 땅의 여러 곳에 흩어져 있는 사람들과 함께하소서.

아버지시여, 인간 세상에서는 우리가 국가의 일부이오니, 우리나라와 함께하소서. 대통령에게 복을 내리소서. 이 고지(高地)에서 수고하는 사람들을 위해 기도하오니, 그들은 단지 코로 호흡하는 인간일 뿐임을 기억하시고 불쌍히 여기소서. 그들이 자기 일을 잘 감당하도록 능력을 주소서.

세상 어느 곳에서든 복음을 전하는 선교사들이 감당하는 당신의 일을 위해 기도합니다. 모든 라디오 프로그램에 복을 내리소서. 선교사들이 외국어를 배워 그 나라 언어로 설교하고, 현지 사람을 그리스도인으로 만들어 가르치며 세례를 주고, 소그룹을 만들어 교회를 세우려고 노력하고 있으니 복을 주소서.

우리의 하나님께 기도하오니, 이날에 도우소서. 우리가 삶을 긍정적으로 바라보게 하시고, 우리에게 약속된 모든 것이 이루어지는 날을 기대하게 하소서. 병자, 사별한 자, 고난 가운데 있는 자, 마음이 괴로운 자에게 복을 내리소서.

우리 주 예수 그리스도의 이름으로 구합니다. 아멘.

진정성을
담은 기도

4장

Approaching the Almighty :
100 Prayers *of* A. W. Tozer

즐겁고 순수한 믿음의 기도

> 그리하면 왕이 네 아름다움을 사모하실지라 그는 네 주인이시니 너는 그를 경배할지어다 시 45:11

이 말씀은 우리가 두 발을 딛고 서야 할 기반이 되는 진리입니다. 이 진리를 간단히 말하면, 하나님은 어떤 목적을 이루기 위해 만물을 만드셨다는 것입니다. 인간을 만드신 목적은 부족함 없이 그분을 올바로 경배하며 그분께 기쁨을 드리는 것입니다.

그러나 죄로 타락한 인간은 그분의 창조 목적대로 살지 못하고 있습니다. 인간은 물 없는 구름 같아서 비를 내리지 못합니다. 햇볕을 주지 못하는 태양, 빛을 내지 못하는 별, 열매를 맺지 못하는 나무, 노래를 못하는 새, 아무 소리도 내지 못하는 수금처럼 되어버렸습니다!

"그는 네 주인이시니 너는 그를 경배할지어다"(시 45:11). 이 말씀은 사실 우리가 피하고 싶어 하는 말씀입니다. 우리는 하나님이 우리의 경배를 원하신다는 말씀을 듣고 싶어 하지 않습니다. 마귀는 우리에게 이렇게 말하고 싶어 합니다.

"하나님이 너희의 경배를 아주 많이 원하시는 건 아니야!"

우리 안에 있는 불신앙도 마귀처럼 말하고 싶어 합니다.

"맞아, 내가 하나님을 예배해야 하지만, 그분이 경배를 아주 많이 원하시는 건 아니야."

그러나 이것은 우리의 생각입니다. 사실 그분은 우리의 예배를 원하십니다! 우리는 '환영받지 못하는 자녀'가 아닙니다. 다시 강조하지만, 하나님은 우리의 경배를 원하십니다!

그렇지 않다면 아담이 죄를 범해 하나님과의 교제가 깨어지고 그의 수금의 현이 풀어지고 그의 목구멍에서 소리가 사라졌을 때, 왜 하나님께서 그를 찾으셨겠습니까?

하나님은 아담의 타락에도 불구하고 그와 계속 교제하길 원하셨기에 "그날 바람이 불 때"(창 3:8) 아담과 대화하기 위해 찾아오셨고, 그를 찾으실 수 없자 "네가 어디 있느냐"(창 3:9)라고 부르셨던 것입니다. 아담이 비록 죄를 지었지만, 하나님은 그의 경배를 받기 원하셨습니다!

하나님은 우리 안에 있는 '그 무엇'을 보십니다. 그것은 그분이 우리 안에 두신 것입니다. 불신앙에는 몇 가지 종류가 있습니다. 더 정확히 말하면, 몇 가지 측면이 있습니다. 그중 하나는 '하나님께서 우리가 악하다고 말씀하시지만, 그분이 말씀하시는 것만큼 그렇게 악하지는 않다'라고 생각하는 것입니다. 그러나 우리의 악함을 지적하는 하나님의 말씀을 믿지 않는다면 우리는 진정으로 회개하지 않을 것입니다.

불신앙의 또 다른 측면은 '하나님께서 우리를 사랑하신다고 말씀하시지만, 그분의 말씀처럼 그렇게 우리를 사랑하시는 건 아니다', '우리는 그분이 말씀하시는 것만큼 그분께 소중한 존재도 아니고, 그분이 우리를 그만큼 원하시는 것도 아니다'라고 믿는 것입니다.

그러나 '하나님은 나를 원하신다. 내가 그분을 예배하고 찬양하고 그분께 기도하고 감탄하기를 원하신다'라는 즐겁고 순수한 믿음이 우리를 가득 채운다면, 하루아침에 우리는 가장 행복한 빛을 발하는 사람들로 바뀔 것입니다.

032   정결한 거처

오, 사랑하는 주님, 시간이 얼마 남지 않았습니다. 시간이 늦었고, 갈 길은 매우 바쁩니다. 이제는 신앙이 매우 조직화되어 버렸습니다. 당신을 믿는 신앙이 그렇게 되어버렸기에 누구라도 신앙생활을 할 수 있습니다. 누구라도! 우리에게는 은사가 더 이상 필요 없게 되었습니다.

이런 현상은 비극이고 두려운 것입니다! 그런데 주여, 사람들은 여전히 자기 나름의 바벨론을 건설하고, 거기에 당신의 이름을 붙이다가 결국은 넘어지고 멸망합니다.
   그러나 우리는 우리의 일이 지속되기를 원합니다. 왜냐하면 머지않아 우리는 사악한 자들이 괴롭힐 수 없는 곳에 있게 될 것이며, 그곳에서 지친 자들이 안식을 얻고, 성령께서 행하시는 일만이 계속될 것이기 때문입니다.

우리는 이 땅에서 우리의 그릇을 포기하고, 빈 그릇을 갖고 갈 것입니다. 필요하다면, 당신께 구할 것입니다.
   "우리의 마음이 거룩하신 성령님을 담을 수 있는 빛나고 깨끗한 그릇이 될 때까지 녹과 더러운 것을 문질러 없애주소서."

하나님, 이 시간 우리 모두에게 복을 주소서. 우리가 점점 약해지고 미미해져 하나님나라에서 서투른 장인이 되어 빈둥거리다가 지붕에 땜질을 하고 성전을 막대기로 받치는 일이나 하게 된다면 얼마나 비극입니까! 사실 그런 사람이 도처에 있습니다. 어떤 주일 신문이나 신앙 잡지를 읽을 때 구토를 느낍니다.

하나님의 일을 한다고 하면서 바쁘게 움직이는 것은 아담의 두뇌입니다. 이로 인해 하나님의 제단 위에 이상한 불을 올려놓는 건 아닌지 걱정됩니다. '심판의 날'에 심판받는 건 아닌지 불안합니다. 오, 주님, 이상한 불을 드리지 않게 도우소서. 우리는 오직 제단에서 나오는 당신의 불을 드리기 원합니다.

크신 하나님이시여, 이 시간에 복을 내리소서. 주님이 주신 교훈을 싹 잊어버리고 현재의 영적 상태에 계속 눌러앉아 있는 일이 없도록 도우소서. 당신께 기도하오니, 우리가 진지해지게 하소서. 쾌활하고 에너지가 넘치는 십 대 초반의 소년이 좀 더 차분하고 진지해지게 하소서.
주 하나님이시여, 세상이 불타고 있는 이 위기의 때에 어떤 부모는 자녀가 놀면서 시간을 보내도록 허락해도 괜찮다고 믿지만, 우리는 동의하지 않습니다. 왜냐하면 심판이 다가오고, 주님의 재림이 가까워지고 있기 때문입니다.

하나님이시여! 우리가 진지하고 사려 깊은 마음으로 기도의 자리를 떠나게 하소서. 각자의 처소로 돌아가서 말씀을 묵상하게 하소서. 기도하오니, 우리를 소원과 굳센 마음으로 채우시고, 우리를 계속 몰아붙여 절벽 아래로 밀어버려서 "이제는 죽었구나!" 하는 비명이 터져 나오게 하소서.

그리고 어미 독수리가 둥지를 박차고 나와 쏜살같이 하강하여 새끼를 낚아채듯이 당신도 우리를 쏜살같이 낚아채어 충만케 하시고, 은사들을 부어주소서.

우리가 하는 일이 비록 큰일은 아닐지라도, 그 중심에 '영원'이 있게 하소서. 아멘.

033　　　　　　　　　　　　1세기 교회

아버지시여, 우리의 눈에 고난이나 어려움이 보이기 전에 먼저 당신이 보입니다. 당신이 세상을 손안에 붙잡고 계시고, 섬들을 지극히 작은 물건처럼 들어 올리시며, 세상의 모든 나라를 저울 위에 있는 작은 티끌로 여기시는 것이 보입니다.

크신 하나님, 당신께 감사합니다. 당신은 인간의 재앙과 고난보다 크십니다. 인간의 죄가 넘친 곳에 당신의 은혜가 훨씬 더 넘쳤고, 고난이 거세진 곳에 당신의 구원이 더욱 커졌습니다.

오늘 아침에 우리가 주목하는 현재의 상태를 당신도 보고 계십니다. 이 도시의 모든 교회, 아니 이 나라의 대부분의 지역 교회에서는 '아시아 독감'의 유행 때문에 '예배 안 오기 현상'이 일어나고 있습니다.

주님, 당신께 기도하오니, 당신의 생명의 손을 모든 이에게 얹으소서. 죽음과 고통이 없게 하시고, 오직 생명이 있게 하소서. 질병의 유행이 휩쓸고 지나갈 때 나타나는 불편과 어려움을 이겨낼 용기와 인내심을 주소서. 기도하오니, 문설주에 피가 묻어 있는 집은 죽음의 사자가 통과하게 하시고 당신의 넘치는 은혜로 보호받게 하소서.

그리고 당신의 백성의 성회로 모인 우리를 도우소서. 우리가 동서남북에서 구주를 찾아 모여든 성회임을, 예수님을 중심으로 모인 주님을 섬기는 사람들임을 충만히 느끼게 하소서.

오, 하나님, 오늘 우리가 간절히 기도합니다. 이 성회가 '현대적 의미의 교회예배'가 아니라 신약적 의미의 '그리스도인들의 모임'이 되게 하소서. 즉 이 성회가 '죽었다가 부활하신 그리스도께서 우리를 위해 간구하고 계시며 장차 다시 오실 것이다'라는 믿음을 갖고, 예수님을 모든 것으로 삼으며, 그분 안에서 안식하는 사람들의 모임이 되게 하소서.

그분이 다시 오실 때까지 그분은 그분의 백성 안에 계시고, 하나님의 나라는 우리 안에 있으며, 당신은 진정으로 여기에 임재해 계십니다. 당신은 우리가 눈으로 보고 손으로 만질 수 있는 그 어떤 것보다 더 참되고 진실하게 임재해 계십니다.

아버지시여, 아픈 자와 사별한 자를 위해 기도합니다. 이들을 위해 구하오니, 가족을 잃은 사람에게 당신의 자비를 내리소서. 오, 이스라엘의 목자요 의사이신 당신께 기도하오니, 이런저런 질병으로 고생하는 사람들에게 손을 뻗어 고치시고 한없는 자비로 복을 주소서.

온 세상에 있는 당신의 교회와 우리나라를 위해 기도합니다. 당신의 일과 전도를 위해, 또 사람이 사는 곳이면 어디에나 있는 선교회를 위해 기도합니다. 이날, 이 시간, 바로 지금, 우리에게 믿음을 주시어 당신을 찾고 보고 우리 안에 모시게 하소서.

이 모든 것을 그리스도의 이름으로 구합니다. 아멘.

034   정확한 이름

하늘 아버지시여, 간절히 구하오니, 우리가 우리의 신앙고백에 부합하는 삶을 살게 하소서. 우리에게 붙여진 거룩하고 존경스러운 이름에 부끄럽지 않게 살게 하소서.

우리는 당신을 '아바 아버지'라고 불러왔습니다. 우리의 마음을 당신께 집중시켜 왔습니다. 다른 이들은 우리를 보고 "하나님의 남자가 있다. 하나님의 여자가 있다. 이스라엘의 어머니가 있다. 도르가(행 9:36) 같은 젊은 여자가 있다. 한나 같은 여자가 있다"라고 말해왔습니다.

오, 아버지시여, 우리를 철저히 살펴보시고, 이런 이름들에 합당하지 않은 것이 발견된다면, 예수님의 피와 성령의 불로 속히 제거하시어, 우리가 신앙고백에 어긋나지 않는 사람이 되게 하소서. 예수 그리스도의 이름으로 구합니다. 아멘.

035 권세, 공동체 그리고 일치

오, 주 예수님, 우리는 위험한 것들이 사방에 널린 세상에 살고 있습니다. 인생은 짧고 시간은 화살같이 지나가고 심판은 다가옵니다. 사단은 바쁘게 움직이고, 친구는 우리가 가는 길에 버티고 서서 전진을 막으려 합니다. 그러나 우리의 귀에는 산꼭대기에서 우리를 부르시는 당신의 음성이 들립니다. 우리는 당신의 부활의 능력 안에서 당신을 알고, 당신의 고난에 동참하고, 당신의 죽으심을 본받길 원합니다(빌 3:10). 당신이 얼마나 아름답고 놀라운 분이신지를 알기 원합니다.

오, 예수님, 기도를 요청한 이들을 위해 기도합니다. 당신은 그 옛날에 비둘기의 모양으로 오셨고, 각 사람 위에 불로 임하셨습니다. 베드로, 모라비아 교회 사람들, 뉴잉글랜드의 성도들과 보르네오, 한국에도 찾아오셨습니다. 당신의 영광을 우리에게서 거둬가지 마소서. 부르짖사오니, 당신의 영광을 보여주소서! 우리가 어떻게 전진해야 할지 가르쳐주소서.

이번 주가 아주 좋은 한 주가 되게 하소서. 만일 마귀가 최악의 주로 만들어버려도 놀라지 않을 것입니다. 공격을 받아도 우리의 의도와 결심을 숨기지 않을 것이며, 차분히 조용히 믿을 것입니다. 혹시라도 어둠이 우리를 덮어도, 그것이 '미지의 구름'이라는 것을 모르지 않을 것입니다. 그 어둠은 마음의 밝은 아침이 오기 전에 찾아오는 '영혼의 어두운 밤'에 불과합니다. 그러므로 두려워하지 않을 것입니다. 당신은 겟세마네 동산과 십자가를 통과하셨고, 칠흑 같은 무덤으로 들어가셨다가 다시 나오셨고, 결국 영광으로 들어가셨습니다.

우리와 교회를 인도해주시길 바랍니다. 속히 은혜 안에서 영적 준비를 해서 강력한 성령의 기름부음을 받게 하소서. 누구나 말은 하지만 체험하지 못한 성령의 기름부음을 허락하시어, 신약성경의 영성과 사도행전의 기독교로 돌아가게 하소서. 그렇게 되면 우리에게서 솟아난 생수의 강이 광야의 길로 흘러 들어갈 것이고, 우리에게서 불이 나와 도처에 있는 교회와 기독교 모임을 뜨겁게 변화시킬 것입니다.

우리에게 복을 내리소서. 당신의 영광을 우리에게 나타내소서. 당신이 지나가실 때 우리를 바위틈 사이에 숨겨주시고 당신을 보게 하소서. 그 영광스런 광경을 본 우리에게는 세상의 모든 영광이 폐허처럼 보일 것입니다. 예수님의 거룩하신 이름으로 구합니다. 아멘.

036 참된 믿음

오, 하나님의 어린양이시여! 제가 당신을 너무도 사랑하기에 삶의 여행길을 당신과 동행하고 싶습니다. 당신과 함께 살기 위해 세상에 저항하고 육신을 멸시하고 교만을 십자가에 못 박길 원합니다.

오, 주 예수님, 당신의 말씀을 들은 사람들을 위해 기도합니다. 그들 중 어떤 이는 우리가 모르는 사람이고, 어떤 이는 아는 사람입니다. 일부는 진정한 그리스도인이고, 다른 일부는 그리스도인이 되기 위해 노력합니다. 그렇지만 하나님, 당신은 우리 모두를 깊이, 아주 깊이 아십니다.

당신이 오실 때 우리가 준비되어 있기를 원합니다. 불편을 감수하고, 우리의 잘 짜인 계획을 집어치우고, 고운 털로 푹신푹신한 둥지를 뛰쳐나와 십자가를 지고 사명의 장소로 달려가길 원합니다. 잘못된 일을 버리고 옳은 일을 시작하며, 악행을 중지하고 선행을 배우겠다는 자세가 생기도록 도와주시기를 기도합니다.

오, 주여, 교회는 '믿음만능주의' 때문에 착각에 빠졌습니다. 우리는 "믿기만 하면 다 괜찮을 것이다"라는 말을 계속 들어왔습니다. 물론 맞는 말이지만, 그 의미를 잘못 가르치고 있습니다. 그러므로 올바로 알고 참 믿음을 갖도록 도우소서. 어깨 위에 십자가를 지고 믿게 하소서. 세상을 버리고, 빛이 있는 쪽으로 얼굴을 향하며, 손에 검과 망치를 들고 믿게 하소서. 주 하나님, 행함이 있는 믿음을 갖게 하소서.

우리에게 복을 주셔서 한 사람 한 사람이 찬송과 설교를 통해 들은 것을 잊지 않고 깊이 생각하게 하소서. 말씀을 놓고 기도하며, '그 무리에'(in that number) 들기 위해 열심히 노력하도록 도우소서. 우리는 "나는 그 무리에 들길 원합니다~"(I want to be in that number)라고 노래하지만, 진정성 없이 건성으로 부릅니다. 웃고 낄낄거리며 대충 넘어갑니다.

그러나 이 노래를 진심으로 부르고 싶습니다. 성도들이 모여 들어올 때 우리도 당당히 '그 무리에' 있길 원합니다. 우리의 예배가 끝나는 지금 복을 내리소서.

그리스도의 이름으로 구합니다. 아멘.

037 새로운 것을 원합니다

오, 하늘에 계신 우리 아버지시여! 이 고난과 번민의 날에 우리의 목소리를 올려드립니다. 지금 지도자들은 두려움에 차있습니다. 똑똑한 자들도 의회의 이런저런 굵직한 위원회 앞에서 떨며 숨죽인 목소리로 국가의 위험을 경고합니다.

오, 하나님, 이제까지 가톨릭과 불교와 이슬람교와 신도(神道, 일본 고유의 민족 종교)와 도교(道教)에서 부흥이 일어났습니다. 스피리티즘(Spiritism, 1850년대 프랑스에서 탄생한 종교적 및 철학적 교리체계), 여호와의 증인, 그리고 온갖 이단들이 마른 풀에 불길 번지듯 번지고 있습니다.

하나님이시여, 지금 우리에게 얼마나 많은 도움이 필요하겠습니까? 주여, 도와주소서. 우리는 단지 '지금 우리에게 있는 것'을 더 원하는 게 아니라 '지금 우리에게 없는 새롭고 신선한 것'을 원합니다. 단지 숫자가 많아지는 것이 아닌 새로운 형태와 유형의 그리스도인을 원합니다. 기름부음을 받고, 그리스도의 성품을 갖추고, 어린양을 따르고, 성경을 믿고, 제자가 되어 그리스도의 '주인 되심'(Lordship)을 아는 백성 말입니다.

사람들의 무리가 도처에 흩어져 있습니다. 여기에 한 무리, 저기에 한 무리, 여기에 두 무리, 또 저기에 열 무리가 있지만 매우 고집스럽고 불행합니다. 하지만 그러면서도 거룩한 길을 다시 발견하려 애쓰고 있사오니 크신 하나님이시여, 그들을 거룩의 길로 인도하소서.

주여, 우리가 다른 이에게 그 거룩한 길을 보여줄 수 있도록 이끄소서. 아직은 순종하지 않더라도 말씀을 들으려는 사람들이 있어서 감사합니다. 우리가 순종의 삶을 시작하게 하시고, 순종을 통해 굳센 믿음을 갖게 하소서.

주 예수님, 경건하고 진지한 마음으로 이 기도를 마치게 하소서. 하나님의 말씀을 웃어넘겨 버리지 않게 하소서. 우리에게 있는 모든 것을 목적지에 도달하기도 전에 다 잃어버리는 정신 상태에 빠지지 않도록 도우소서. 은혜와 자비를 베풀어 우리를 만나주시고, 복을 내리소서.
예수 그리스도의 귀한 이름으로 구합니다. 아멘.

038 새로운 영광

자비하신 주 예수님, 아직 구원에 이르지 못한 사람을 모두 구원해주시고, 거룩한 길에서 조금이라도 벗어나 방황하는 사람이 있다면 돌아오게 하소서. 신약의 기독교에게 허락하셨던 시간을 우리에게도 주시고, 사도행전의 영광이 다시 나타나게 하소서. 그리하여 이 교회가 이제까지 몰랐던 영광스러운 시간을 갖게 해주시길 간절히 구합니다.

이 말씀을 들어야 할 사람들을 모으소서. 이 세상을 사랑하는 사람들이 있습니다. 그들은 이 세상과 내세를 모두 원하고, 십자가를 지면서도 자기 나름의 즐거움을 얻기 원합니다. 그러나 그렇게 해서는 아무것도 얻지 못합니다. 주여, 그런 사람들이 아주 많사오니 이 자리로 보내주소서.

기도하오니, 젊은이들이 찬송을 부를 때 복을 내리소서. 그들이 성령의 감동을 받아 간증하게 하소서. 간절히 구하오니, 고속도로를 달리는 모든 그리스도인에게 사고가 없게 하소서. 참 그리스도인들이 부상을 당해 사망하는 일이 없도록 지켜주소서. 당신의 거룩한 이름으로 구합니다. 아멘.

039　만족하는 그리스도인들

　사랑하는 주 예수님, 우리의 구속자이며 하늘의 대언자이신 당신은 우리의 구원을 위해 당신의 지극히 귀한 피를 흘리셨습니다. 오늘 밤 우리는 피 흘리기를 회피하는 약한 믿음을 안타까워하며 당신께 호소하지 않을 수 없습니다.

　오, 그리스도시여! 신약의 그리스도인 같은 백성을 일으키시고, 그들이 예배와 선행과 증언과 거룩한 삶을 즐거워하게 하소서. 그리하시면 그들이 고결한 죽음과 거룩한 내세를 알 것입니다.

　비가 오는 이 밤, 폭풍우가 몰아치는 이 밤, 우리는 복음 선포를 듣는 모든 이를 위해 예수님의 이름으로 기도합니다. 운전하는 사람, 도시 밖으로 나가 도로를 달리는 사람, 도심에서 차를 몰거나 번쩍이는 불빛으로 인해 위험에 처할지도 모르는 사람들을 지켜주소서. 걸어서, 대중교통으로, 차를 몰고 교회에 왔다가 집에 돌아가는 사람들을 보호하소서.

하늘에 계신 은혜의 하나님, 당신의 양 떼에게 복을 내리소서. 당신을 마음에 모시게 될 하나님의 사람들에게 복을 주소서. 오늘 밤 구원받는 자가 나오게 하소서. 어린양을 따르겠다고 결심하는 사람, 어떤 상황에도 세상을 거부하고 믿음의 길을 가겠다고 다짐하는 자가 생기게 하소서. 그리스도를 통해 이 모든 것을 허락하소서. 거룩하신 예수님의 이름으로 구합니다. 아멘.

040 　　　　　　　　　　　　　귀중한 보물

우리가 당신께 감사합니다. 모든 교파에 속한 당신의 백성에 대해 감사하오니, 그들은 당신을 사랑하고 '하늘에 계신 아버지'라고 부르며 당신의 말씀을 믿고 당신의 아들을 신뢰합니다.

아버지시여, 모든 인종과 국적과 방언으로 이루어진 백성이 당신의 것임에 감사합니다. 그들은 어린양과 함께 서서 기뻐하며 "죽임을 당하신 어린 양은 능력과 부와 지혜와 힘과 존귀와 영광과 찬송을 받으시기에 합당하도다"(계 5:12)라고 노래할 것입니다. 이토록 영광스러운 무리에 속할 자격이 있는 사람들이 되도록 우리를 도우소서. 당신의 교회를 생각할 때마다 머리를 숙이거나 모자를 벗고 무릎을 꿇을 수 있기를 기도합니다.

주여, 당신은 눈짓으로 당신의 사람들을 초대하셨고, 그들은 말씀을 듣고 찾아왔습니다. 우리의 눈에 그들이 이곳저곳으로 다니며 죽는 것이 보입니다. 병든 게 보이고, 육신적이고 인간적인 면이 보입니다.

그렇지만 그들 속에는 보화, 곧 보증이 있습니다(고후 1:22). 당신은 그들에게 당신의 성품을 주셨고, 그들은 당신의 것입니다. 그들은 대기권 밖의 모든 공간, 은하수를 이루는 모든 성운(星雲), 하늘의 모든 천사와 스랍보다 무한히 더 소중합니다. 왜냐하면 당신의 눈동자 같은 존재이기 때문입니다.

그들로 인해 감사하며, 그들 위에 당신의 복이 임하기를 구합니다. 당신의 온 교회, 즉 하나님의 권속은 하늘과 땅에 있고, 승리를 거두며, 두려움이 없습니다. 이 땅을 떠난 자도 있고 아직 여기에 있는 자도 있으니, 그들은 예배하고 기도하고 유혹에 저항하고 성실히 일하며 기다립니다.

당신께서 온 나라와 대통령, 권좌에 앉아있는 사람과 우리가 기도해야 할 사람들을 지켜주실 줄 믿습니다. 우리의 기도가 그리스도를 높이는 선한 예배가 되게 하소서.

그분의 거룩한 이름으로 구합니다. 아멘.

041　권세와 능력

주 예수 그리스도시여, 우리를 도와주시기를 기도합니다. 말씀을 전하는 건 쉽지만, 우리의 육체는 약하고 세상 유혹의 힘은 매우 강합니다. 그러나 육체와 세상과 마귀가 합세한다 해도 당신이 교회에 주신 성령님에 비하면 턱없이 약합니다.

예수님이 "모든 권세를 내게 주셨으니"(마 28:18)라고 말씀하셨는데, 이것은 능력입니다. 또 "성령이 너희에게 임하시면 너희가 권능을 받고"(행 1:8)라고 말씀하셨는데, 이것은 권세입니다. 이제 우리에게는 이 두 가지가 모두 있습니다.

기도하오니, 우리가 앞으로 나아가 능력을 행사하고 권세(권능)를 나타내게 도우소서. 육체로서는 불가능한 이 일이 가능케 해주시고, 삶에서 온전하고 철저하게 드러나게 하소서.
우리의 예배가 길든 짧든, 어디에서 드려지든, 그 예배에 은혜롭게 복을 내리시고 우리를 만나주소서. 기독교의 장점이 아무리 귀하고 우리에게 위로를 준다 해도, 그것을 더 이상 의지하지 않도록 도우소서.

대신에 당신을 성소로 삼고, 당신의 이름을 거룩하게 하며, 당신을 모든 보화로 모시고, 당신의 마음 안에 거하게 하소서. 이 모든 것을 허락해주시기를 기도합니다.

우리 눈앞에 놓인 짜증스러운 일상 속에서도 계속 전진하여 승리하도록 도우소서. 거룩하신 아버지시여, 성령께서 심으신 나무들이 죽지 않고 계속 자라서 마귀를 충격과 혼란에 빠뜨리게 하소서. 또 담장을 넘길 정도로 가지가 뻗어나가고 열매를 맺어 "당신께 과거보다 더 유익한 나무가 되겠습니다"라고 고백했던 약속을 지키게 하소서.

우리의 믿음의 모임이 어제보다 내일 더 무궁히 발전하도록 주 예수 그리스도를 통해 도우소서. 아멘.

신앙이 퇴보할 때 드리는 기도

5장

APPROACHING THE ALMIGHTY :
100 PRAYERS *of* A. W. TOZER

하나님을 아는 지식으로 가득 찰 때

우리는 기도할 때 확신을 갖고 하나님께 나아갈 수 있습니다. 왜냐하면 우리의 믿음이 약속 위에 서있지 않고 그분의 성품 위에 서있기 때문입니다. 약속한 자의 성품을 믿을 수 없다면, 그가 한 약속은 무의미합니다.

성경을 읽을 때 우리에게 약속이 주어진다고 믿는 것은 하나님을 믿기 때문입니다. 만일 우리가 그분의 뜻에 따라 무엇을 구하면 그분이 우리의 기도를 들으십니다. 그분이 들으시면 우리가 구한 것이 주어지는데, 그것은 하나님께서 약속하신 것입니다. 예수님이 말씀하셨습니다.

> 너희가 무엇이든지 아버지께 구하는 것을 내 이름으로 주시리라
> 요 16:23

하나님은 약속을 주셨습니다. 그 약속은 약속을 하신 분만큼

유효합니다! 믿음은 "하나님은 하나님이시다. 거짓말을 하실 수 없는 거룩한 하나님이시다"라고 말합니다. 무한히 부요하시기에 모든 약속을 다 성취하실 수 있는 하나님. 무한히 정직하시기에 결코 누구도 속이지 않으시는 하나님. 무한히 진실하시기에 어떤 거짓말도 하신 적이 없는 하나님. 하나님이 그런 분이라는 사실은 그분의 약속이 얼마나 유효한지를 말해줍니다!

성경은 하나님께서 우리를 위해 무엇을 하기를 원하시는지, 또 우리가 무엇을 구해야 하는지를 가르쳐줍니다. 우리는 성경을 통해 하나님께서 우리에게 무엇을 원하셨는지와 우리의 기업으로 무엇을 달라고 주장할 수 있는지를 배울 수 있습니다. 그분의 약속의 말씀을 읽으면 어떻게 기도해야 하는지도 배울 수 있습니다. 그런데 중요한 건, 믿음이 언제나 '하나님의 성품'이라는 기초 위에 서야 한다는 것입니다.

그분은 천지를 만드셨고, 세계를 손안에 붙들고 계십니다. 그분이 망토처럼 펴놓으신 하늘과 땅의 먼지를 천칭으로 측량하십니다. 이처럼 크고 전능하신 하나님께서 당신의 종이 아니시라는 걸 기억하십시오. 당신이 그분의 종입니다! 그분은 당신의 아버지시고, 당신은 그분의 자녀입니다. 그분은 하늘에 앉아 계시고, 당신은 이 땅에 있습니다. 천사들은 거짓말을 하실 수 없는 하나님 앞에서 얼굴을 가립니다.

나는 '미국의 모든 설교자가 꼬박 1년 동안 하나님에 대해 설교한다면 얼마나 좋을까' 하고 생각합니다. 하나님은 누구신가, 그분의 속성은 무엇인가, 그분의 완전성은 무엇이고, 그분의 본질은 무엇인가, 그분은 어떤 하나님이신가, 감히 우리가 그분을 믿고 의지할 수 있는 이유는 무엇인가, 어떻게 그분을 신뢰할 수 있는가, 왜 그분을 신뢰해야 하는가, 어떻게 그분을 사랑할 수 있는가, 왜 그분을 사랑해야 하는가, 그분을 사랑하지 않는 삶을 감히 선택할 수 없는 이유는 무엇인가, 이런 것들에 대해 설교한다면 얼마나 좋겠습니까!

교인들의 마음과 온 세상이 삼위일체 하나님을 아는 지식으로 가득 찰 때까지 계속 설교한다면, 물 댄 곳에 풀이 솟아나듯 믿음이 쑥쑥 자라날 것입니다. 누군가가 설교단에서 하나님의 약속에 대해 설교한다면, 온 회중이 이렇게 말할 것입니다.

"나는 저 설교자가 전하는 약속을 믿을 수 있다. 왜냐하면 누가 저 약속을 했는지를 알기 때문이다. 그가 누구신지를 보라!"

물론 확신이 생길 때까지 시간이 좀 걸릴 수도 있지만, 하나님의 아들의 공로에 의지하여 그분께 나아가 그분의 약속에 근거해 구하면, 그분을 향한 확신이 생길 것입니다. 그분이 당신을 인도하시며, 어떤 어려움에 처하든 도와주실 것입니다.

042　　　　무관심에서 벗어나게 하소서

오, 주 예수님, 우리는 당신을 믿는 믿음의 사람들입니다. 오늘 밤 우리 위에 임하는 서늘한 숨결을 느낍니다. 마귀의 뜨거운 숨결이 아니라 무관심의 차가운 숨결입니다. 이를 물리치는 기도를 올리기 원합니다. 하나님의 그리스도이신 당신께 목소리를 높여 구하기 원합니다.

"우리 위에 따스한 숨결을 불어주소서."

오, 하나님, 무관심과 게으름과 부주의와 소원 없음, 그리고 포도원을 허는 이 작은 여우들에게서(아 2:15) 우리를 건져주소서. 기도하고 또 기도하오니, 옛날에 쉐키나(Shekinah, 하나님의 임재)가 이스라엘에 임했듯이 우리에게도 임하소서. 그러나 당신이 임하셔도 우리는 알 수 없을 것입니다. 이제까지 우리는 당신의 임하심을 보거나 듣거나 느낀 적이 없습니다.

오, 그리스도시여, 당신은 죽은 자들로부터 다시 사셨습니다. 당신은 베드로와 500여 형제에게 일시에 나타나셨고, 만삭되지 못하여 난 자 같은 바울에게 나타나셨습니다(고전 15:8). 그리고 지금 하늘에서 '지극히 크신 분'의 우편에 앉아 권세의 자리에서 내려다보고 계십니다. 주여, 오늘 밤 도우소서. 내일은 우리가 죽을 것이니, 오늘 도우소서.

하나님의 말씀을 들으려 노력할 때 도우소서. 당신의 종들이 듣고 있으니 말씀하소서. 주여, 옛날처럼 지금도 당신의 말씀을 통해 말씀하소서. 간절히 구하오니, 하늘을 여시고, 당신의 영광의 빛이 우리 위에 비추게 하시고, 옷자락이 성전에 가득한 채 높이 들린 보좌에 앉으신(사 6:1) 왕을 우리가 보게 하소서.

오, 하나님, 계속 반복되는 지루한 것들에서 우리를 구하소서. 다람쥐 쳇바퀴 돌 듯 돌고 있는 이 원형 무덤에서 우리를 건지소서. 새로운 일을 행하소서! 당신은 "너희가 이 산에 거주한 지 오래니, 일어나 내가 너희에게 보여줄 땅으로 들어가라"라고 말씀하셨습니다. 오늘 밤 우리를 도우소서. 바로 오늘 밤, 우리 중 어떤 이들은 일어나 전진할 것입니다. 무리의 수가 많지 않아도 여기 모인 사람들은 모두 전진할 것입니다. 당신은 가장 위대한 설교를 6명 또는 12명에게 하셨습니다.

오늘 밤 누군가의 삶에서 전환점이 되는 의미심장하고 획기적인 사건을 일으키시기를 기도하오니, 영원한 언약의 피와 당신이 죽으신 십자가의 능력을 통해 이뤄주소서!

이 무서운 시대를 살아가고 있는 사람들의 마음속에 우글우글 모여 감염을 일으키는, 거룩하거나 선하지 않고 반신적(反神的)이고 악마적인 병균들을 모두 훈증 소독하여 몰아내 주시고 제거하고 죽이소서.

주여, "성령이 너희에게 임하시면 너희가 권능을 받고 … 내 증인이 되리라"(행 1:8) 하신 말씀을 우리에게 이루어주소서. 오늘 밤 당신의 말씀을 듣게 하소서. 예수님의 이름으로 구합니다. 아멘.

043　　　　　　　　　　　　　　*이해하고 깨달아라*

　오, 주님, 당신의 종 니고데모를 인내심 있게 대하셨던 당신께서 우리와 함께 계십니다. 당신께서 아시듯, 우리에게 온갖 압박을 가하는 육신과 우리의 마음을 빼앗는 세상과 간계를 꾸미며 접근하는 마귀는 서로 힘을 합해 우리의 마음을 어리석게 하고, 귀를 둔하게 하며, 눈을 멀게 하려고 애씁니다.

　오, 주 예수님, 오소서! 당신의 제자들에게 깨달음을 주시고 그들로 보게 하셨듯이, 지금 우리에게도 동일하게 행하소서. 이 진리는 이미 오래전에 논의되었고, 내용과 질이 조금도 바뀌지 않았으며, 지금도 살아있고, 이 진리를 주신 당신처럼 영원불변합니다.

　우리에게 밝은 눈과 신속히 달려가는 발걸음과 바쁜 손놀림과 무엇보다 이 진리를 깊이 생각하는 겸손한 마음을 주소서. 당신의 존전에서 기다리고 있는 지금, 도우소서. 아멘.

044　　　　　　　　　　세상의 위험들

오, 하나님 아버지시여, 당신은 우리와 가까이, 바로 여기에 계십니다. 야곱처럼 우리는 "여호와께서 과연 여기 계시거늘 내가 알지 못하였도다"(창 28:16)라고 말하고픈 충동을 느끼지만, 사실 당신이 여기에 계신 것을 어느 정도 알았습니다. 여기는 다름 아닌 '하늘의 문'이며 '하나님의 집', 곧 벧엘입니다. 우리는 당신의 임재 안에서 여기에 제단을 세울 것입니다.

이 시간 사람들을 위해, 특히 유혹받는 젊은이들을 위해 기도합니다. 세상의 뱀은 새처럼 그들을 유혹하고, 그들은 휘황찬란한 세상의 매력적인 것들을 넋을 잃고 쳐다봅니다. 어떤 이들은 유명해질 수 있다면 목숨까지 내놓을 것입니다. 특히 여자들은 유명 배우로 5년을 살 수 있다면, 인생에서 20년을 떼어줄 각오도 할 것입니다.

크신 하나님이시여, 우리의 속이 병들었기에 구름처럼 높은 이상을 추구하지 못하고 대신 도덕의 밑바닥까지 내려갔습니다. 진창을 사랑하고 그 안에 살면서, 사회의 가장 더럽고 저급하고 불경한 것을 모방하고 따르기에 익숙합니다. 하나님의 빛이 있지만 보지 못하고, 그분의 음성이 있지만 듣지 못하고, 그분의 임재가 있지만 느끼지 못합니다.

오, 기도하오니, 오늘 밤 남자와 여자와 젊은이와 아이들을 도덕적·지적 진창에서 꺼내주소서. 우리 모두가 당신이 창조하신 세계의 성스러움과 신령함을 다시금 생생히 느끼도록 도우소서. 우리는 죄와 함께 이 길을 갈 수 없습니다. 어떤 이유에서든 죄를 좋게 포장하는 건 있을 수 없는 일입니다. 아무리 뛰어난 언변을 동원해도 죄의 '짐승 같은 추악함'을 합리화할 수 없습니다.

그렇지만 당신은 죄와 관계없이 세상 안에 계십니다. 바로 여기에 계십니다! 우리가 어디에 있든지, 아침부터 밤까지 줄곧 당신이 세상에 계심을 깨닫고 교제하게 하소서. 세상의 큰 비극은 쓸데없는 걸 너무 많이 아는 것입니다. 그러나 그리스도인은 "아버지시여, 우리가 당신을 알아서 감사합니다"라고 고백할 수 있습니다.

우리는 당신을 '아바 아버지'라고 불러왔습니다. 당신의 아들 예수 그리스도를 통해 당신을 알며, 우리의 마음은 늘 당신께 머물러있습니다. 당신의 이름이 복되게 하소서. 우리 주 예수 그리스도를 통해 당신을 믿고 의지합니다. 아멘.

045   듣고 깨닫고 순종하라

아버지시여, 우리가 여기에 모인 것은 그만큼 좋은 환경에 있고 금전적으로 여유가 있고 건강하다는 걸 말해줍니다. 우리가 어찌 감사하지 않을 수 있겠습니까? 여기에 오고 싶어도 올 수 없는 사람들을 위해 기도합니다. 또한 올 수 있는 형편이 되어 와있는 사람들로 인해 감사합니다.

질병 때문에 이 자리에 오지 못한 사람의 회복을 위해 기도합니다. 이 모임에 아무 관심이 없어서 오지 않은 사람은 중병에 걸려 꼼짝없이 누워있는 사람보다 더 치유가 필요한 사람입니다. 그러므로 기도하오니, 무관심한 자의 생각과 병자의 아픈 몸과 지친 자의 마음을 치유해주소서.

오, 하나님! 이날이 기쁨과 안식의 아름다운 날이 되게 해주시기를 그리스도의 이름으로 구합니다. 주여, 이날에 무엇을 해야 할지, 이 빛나는 시간을 어떻게 알맞게 사용할 수 있을지를 깨닫게 하소서. 마음의 보물로 가득 찬 황금 보석상자 같은 이 시간을 헛되이 흘려보내서 다시는 되돌릴 수 없는 지경에 이르지 않게 하소서. 우리를 지혜롭게 하소서! 우리의 날들을 세어보고 지혜를 얻기 위해 힘쓰는 자가 되게 하소서.

주여, 세상 여러 곳에 나가있는 친구들을 위해 기도합니다. 그들을 지켜주소서. 전 세계에 흩어져 성경을 가르치거나 복음의 메시지를 전하는 여러 선교사와 설교자와 교사들에게 복을 주시고, 그들의 귀와 눈을 열어주시며, 듣는 이들의 꽉 막힌 귀를 뚫어 성령의 음성을 듣게 하소서.

당신의 도움 없이는 우리가 아무것도 할 수 없음을 잘 압니다. 당신의 영이 없으면, 옳은 일을 행하고 싶은 마음조차 생기지 않습니다. 그러니 당신의 영을 충만히 부어주소서. 당신이 먼저 일하시고, 사역 현장에 먼저 가주소서. 우리 안에 소원을 불러일으키시고, 우리의 영에 불을 붙이소서. 하나님께서 사역 현장에 사랑을 베푸시면, 우리의 사랑도 불타오를 것입니다. 당신이 우리 안에 계시면, 우리의 믿음이 타오를 것입니다.

주여, 재정적 문제로 이곳을 찾을 수밖에 없는 사람, 국내외에서 사역을 성공적으로 이끌어야 하는 사람, 그리고 말씀을 풍성하고 진실하고 선하게 전해야 하는 사람을 떠나보낼 때 함께하소서. 우리가 노래로써 당신을 경배하게 하소서. 주 예수 그리스도의 이름으로 구합니다. 아멘.

046   용서하시고 깨끗게 하소서

어떤 찬송가 작자처럼, 우리도 고백하지 않을 수 없습니다.
"당신이 그곳에 계속 서 계시도록 내버려 두었으니 정말 부끄럽습니다."
오, 주여, 정말로 부끄럽습니다! 당신 앞에서 슬퍼하며 회개합니다. 제 자신과 친구들 때문에, 이웃과 동료 미국인들 때문에 마음이 아픕니다. 죄송합니다.

수백만의 사람이 야구 경기와 프로 복싱 경기를 관람하고, 공연을 보러 갑니다. 사람들은 수백만 달러 아니 수억 달러의 재산을 갖고, 원하는 것이면 무엇이든 어디서나 사들입니다. 정욕과 쾌락과 오락과 재산 축적을 위해 그들의 달러를, 아니 당신의 달러를 펑펑 써댑니다.

오, 주 예수님, 페인트칠조차 못 한 저 작고 초라한 교회, 월급을 절반밖에 못 받는 불쌍한 목사, 너무 오래되어 삐걱거리는 오르간, 조율이 제대로 안 된 피아노, 날림으로 지어진 교회 건물…. 이 모든 게 인간이 당신에게 얼마나 인색한지를 보여줍니다. 자기에게 필요한 것을 받은 사람이 그렇게 많지는 않습니다.

주여, 오늘 밤 우리는 부끄러움을 느낍니다. 사람들이 많이 모인 곳은 교회가 아니라 극장, 스케이트장, 댄스홀, 헬스장, 도박 소굴입니다. 우리가 교회에 모인 한 사람 한 사람으로 인해 감사하지만, 교회에 모인 자가 많지는 않습니다.

오, 주여, 부끄럽습니다. 그토록 오랫동안 당신을 완강히 거부한 사람들로 인해 부끄럽습니다. 그들은 당신의 집에서 손님일 뿐입니다. 하숙생으로서 당신의 식탁에 앉고, 당신의 공기를 호흡하고, 당신의 물을 마시고, 당신의 부드러운 땅 위에서 잠을 자고, 당신의 열매를 먹지만 끝내 당신을 거부합니다.

오, 주여, 용서하소서. 우리는 부끄러워 회개하고 마음이 아픕니다. 절반만 구원받은 그리스도인, 신앙의 절반은 뒤로 후퇴한 게으른 그리스도인을 용서하소서. 그들은 뜨겁고 신령한 설교를 들어도 지하로 몸을 숨길 뿐입니다. 몰래 지하로 숨어다니며 목회자를 피하고 교사들을 멀리합니다.

오, 하나님, 이 모든 것이 우리를 얼마나 부끄럽게 하는지 모릅니다! 성령이시여, 당신이 우리 때문에 슬퍼하십니다. 우리 중 많은 이가 당신께 자리를 내어드리지 않고 구석에서 떨고 있습니다. 정말로 죄송합니다.

오, 비둘기 같은 성령이시여, 당신이 우리 위에서 날개 치시지만, 당신의 발로 내려앉을 곳을 찾지 못하십니다. 오, 하나님에게서 오시는 거룩한 분이시여, 이 교회가 당신의 발로 내려앉으실 만한 깨끗한 곳이 되게 하소서.

날개 치며 우리 위에 앉으시어, 당신의 빛과 힘과 권세와 은혜와 치유와 기쁨과 친절함을 부어주소서. 돼지우리 같은 우리의 마음을 용서하시고 청소하소서. 더러운 것들을 버리고 마음의 성전을 고쳐 "주 예수님, 들어오소서!"라고 당당히 외치게 하소서. 오, 하나님의 쉐키나시여, 기도하오니, 우리 마음의 성전으로 오소서.

세상은 유혹으로 가득 차있고, 그 끌어당기는 힘에 저항하는 건 거의 불가능합니다. 지금 우리의 마음을 담아 기도를 올려드리오니, 당신을 향한 모든 저항과 반감을 버리고 온전히 당신께 마음을 바치도록 도우소서. 그리하시면 당신이 우리 안으로 들어와 마음을 차지하고 당신의 보좌를 세우실 것입니다. 또한 왕으로서 우리의 삶을 은혜로 다스리실 것입니다. 주 예수님, 지금 기도하오니 당신의 이름으로 도우소서. 아멘.

047   만족스럽지 못한 구원

오, 주 예수님, 신앙적 퇴보에 빠지기 쉬운 인간의 본성을 당신이 잘 아십니다. 인간의 마음의 뜨거움이 얼마나 빨리 식어버릴 수 있는지 잘 아십니다.

자만에 빠져 시온에서 편히 지내며 악기를 만들고, 상아 침대 위에 편하게 눕고, 포로 된 이스라엘 사람들을 돌보지 않고, 사발로 포도주를 마시는 죄에 얼마나 쉽게 빠질 수 있는지를 잘 아십니다. 주여, 이런 죄가 우리 가운데 보입니다.

오, 기도하오니, 우리를 치명적인 자만에서 건지소서. 우리가 휴경지(休耕地)에서 빠져나오게 하소서. 쟁기질을 하지 않아 여전히 굳어있는 마음에 변화를 일으키소서.

간절히 구하오니, 말로는 "나는 믿음으로 하나님께 능력을 받는다"라고 하면서 실제로는 당신의 능력을 전혀 받지 않는 잘못에 빠지지 않게 하소서.

타성에 빠진 우리의 기독교 신앙을 용서하소서. 극단적이라는 말을 들을까 봐 두려워하는 우리를 용서하소서. 오, 주님, 우리의 마음에서 두려움을 제거해주소서.

이 시대에는 영적 능력의 관(冠)을 쓰고 '당신의 입에서 나오는 말씀'을 붙들고 기도하며 다스리는 용맹한 사람과 선지자와 담대한 개혁가와 선견자가 요구됩니다. 그러므로 간절히 구하오니, 우리가 겁먹은 옹졸한 사람이 되지 않도록 도우소서.

우리를 흔드시고 당황하게 하소서. 단조롭고 고단한 직업적 노동에 매몰되지 않게 하시고, 일을 감당하면서도 잠재의식 속에는 깊은 영적 갈망이 샘솟게 하소서. 그 갈망을 잠시 마음 밖으로 밀어내더라도, 다시 찾아와 우리의 뼛속에서 불타게 하소서. 그렇게 마침내 당신의 얼굴을 찾고 성령으로 충만해지게 하소서. 당신의 이름으로 구합니다. 아멘.

048　식어버린 마음

　오, 주 예수님, 사랑의 눈길을 우리에게 보내소서. 당신의 꺼지지 않는 애정의 눈길을 보내소서. 불경한 말을 내뱉는 제자는 당신의 사랑을 금세 잊어버리지만, 속이 꽉 찬 당신의 사랑은 조금도 줄지 않습니다. 약해지거나 사그라들지 않고, 하나님의 크심만큼 크며, 그분의 영원하심만큼 영원합니다.

　우리는 당신의 양 떼입니다. 세상은 거대하고 마귀는 우는 사자처럼 돌아다닙니다. 유혹은 강하고 육신은 연약합니다. 어쩌면 우리 중 어떤 이는 마음이 식어가고 있을지 모릅니다. 너무 늦기 전에 우리에게 당신의 눈길을 주소서. 어서 사랑의 눈길을 충분히 받게 하소서. 너무 늦어져서 영구한 신앙의 퇴보에 빠질까 두렵습니다. 만일 그렇게 된다면, 양심을 잃어버려 더 이상 죄를 슬퍼하지 않을 것입니다.

　오, 주여, 간절히 기도하오니, 우리의 마음을 다시 들여다보소서. 우리는 베드로와 다를 바 없습니다. 어떤 이는 베드로처럼 제자의 길에서 슬며시 이탈했을지도 모릅니다. 적어도 마음속으로는 그랬을지 모릅니다.

우리를 굽어보시고, 우리의 마음을 아프게 하소서. 우리를 내려다보시고, 우리가 울게 하소서. 오, 예수님, 눈물의 은혜를 주소서. 몇 방울이라도 눈물을 흘리게 하소서.

우리가 교회와 선교회를 위해 1만 달러를 헌금 바구니에 넣을 능력이 있다면, 매우 기쁠 것입니다. 하지만 슬픔과 회개와 뉘우침과 믿음과 소망과 기쁨의 눈물을 1만 방울 흘릴 수 있다면, 1만 달러를 옆으로 제쳐놓고 눈물방울을 선택할 것입니다. 왜냐하면 눈물은 흘리고 싶다고 해서 억지로 흘릴 수 있는 게 아니기 때문입니다. 이 아침에 당신의 이름으로 도우소서. 아멘.

049 처음 사랑으로 돌아가라

오, 하나님, 당신은 우리 안에 침투한 적들, 곧 세상과 육신과 마귀를 보고 계십니다. 이 적들은 침투하고 세뇌하고 설득하고 낙심시키고 두려움에 빠뜨리려고 애씁니다. 그러나 당신의 자녀인 우리가 불 속에서도 살아남는 금처럼 적들 가운데서도 망하지 않고 살아남게 하소서. 우리가 액체처럼 되어 결국에는 당신의 놀라운 예술적 기술로 당신의 뜻에 맞는 모양이 되게 하소서.

우리가 자신에게 정직하며, 자신을 당신의 사랑에 온전히 맡기길 원합니다. 저 위에 계신 우리의 친구 예수님 덕분에 하나님께서 그분의 십자가 죽음의 사랑을 기억하시고 우리의 기도를 들어주실 거라는 깨달음에 이르기를 바랍니다. 간절히 구하오니, 이렇게 결심하게 하소서.

"그 어떤 일이 닥쳐도, 돈이나 친구를 잃어도, 나는 처음 사랑으로 돌아가 하나님을 사랑하고 그분과 동행하기 위해 노력하겠다. 나는 내 적들(모든 사람)이 나를 비판할 수 없을 정도로 그분 앞에서 깨끗하고 선하게 살아가겠다."

지극히 연약한 자를 회복시켜 주시고, 지극히 멀리 가버린 자를 돌아오게 해주시길 기도합니다. 주 예수님을 통해 우리에게 활기를 불어넣고 격려해주소서. 아멘.

050　　　　　　　다시 보게 하소서

오, 우리의 아버지 하나님이시여! 당신이 아시듯이, 신앙적으로 뒷걸음질하고도 깨닫지 못하기 쉽습니다. 살아있는 줄 알지만, 실상 죽어있기 쉽습니다.

세상의 시간은 점점 흘러가고, 심판은 점점 다가오고, 지옥은 그 지경을 넓히고 있습니다. 세상이 하나로 통합되면서 대통령이나 왕 같은 우두머리를 세우려 애쓰는 가운데 적그리스도는 승리를 준비하고 있습니다. 이런 시대에 살면서도 마냥 즐거워하고 잡담하고 낄낄거리며 몰려가는 교회 사람 중 하나가 되는 것이 너무 쉽다는 것을 당신은 잘 아십니다!

오, 하나님, 당신의 교회는 어리석게 행동하고 놀면서 "나는 부자이고 재물이 늘었으니 부족한 게 없다"라고 말합니다. 교회에 출석하는 사람들은 늘었습니다. 교회의 부동산 가격은 더욱 올랐고, 과거의 어느 때보다 돈이 많습니다. 학생들도 가득 차고 프로그램은 다양하지만, 기독교의 질이 크게 떨어졌음을 잊고 있습니다.

오, 교회를 회복하소서! 부르짖사오니, 당신을 볼 수 있는 시력을 회복시켜 주소서! 당신의 교회가 크신 하나님을 다시 보게 하소서. 당신의 온화한 얼굴과 위엄을 늘 보게 하소서.

아주 잠깐 조금 보는 것에 만족하지 않게 하소서. 그렇게 잠깐씩, 조금씩 보는 것은 너무 흔합니다. 놀라우신 당신을 온전히 언제나 보기를 원합니다!

사람들은 계속 죄를 짓고, 신앙을 비웃고, 이에 관해 이런저런 얘기를 하고, 모든 종교를 관용해야 한다고 말합니다. 하나님, 두려움과 위엄과 경외가 사라졌습니다. 당신께 기도하오니, 우리가 하늘에 계신 위엄에 찬 분을 다시 만나게 하소서. 그분의 위엄을 다시 보게 하소서. 그리하시면 당신이 얼마나 놀라운 분이신지, 당신의 위엄이 얼마나 밝게 빛나는지, 타오르는 빛의 깊음 가운데 있는 당신의 시은좌(施恩座, 은혜의 보좌)가 얼마나 아름다운지를 보게 될 것입니다.

우리가 집에서 기도하게 하시고, 이곳저곳을 걸을 때 진정으로 에덴동산에 있음을 기억하게 하소서. 그날 바람이 부는 중에 당신이 동산에서 거니실 때 아담이 숨지 않았습니까? 우리 중 얼마나 많은 이가 이런저런 것들 뒤에 몸을 숨깁니까. 이는 당신과 동행할 도덕적·영적 준비가 되지 않았기 때문입니다.

그러나 에녹은 당신과 동행하다가 더 이상 세상에 있지 않게 되었는데, 이는 주님이 그를 데려가셨기 때문입니다(창 5:24). 모세가 당신의 얼굴을 보았을 때 어떤 일이 일어났습니까? 얼굴에서 빛이 났습니다! 오, 하나님, 우리가 나가서 사람들을 회심시킬 뿐만 아니라 아버지를 영화롭게 하고, 예수 그리스도의 아름다움을 세상에 나타내게 하소서.

이 모든 것을 우리 주 예수 그리스도의 이름으로 구하며, 모든 사람이 "아멘!"으로 화답했습니다. 아멘.

복종하기
위한 기도

6장

Approaching the Almighty:
100 Prayers of A. W. Tozer

가치의 구별

예수님은 율법의 가장 큰 계명이 무엇이냐는 질문을 받으셨을 때, 이렇게 대답하셨습니다.

> 네 마음을 다하고 목숨을 다하고 뜻을 다하여 주 너의 하나님을 사랑하라 마 22:37

숭모(崇慕)는 두려움과 놀라움과 갈망과 경외를 동반한 사랑입니다. 예수님은 사람에게 행하실 때 두 가지 방법 중 하나로 영향을 주셨고, 때로는 두 방법을 동시에 사용하셨습니다. 하나는 자석처럼 '끌어당기는 영향력'이었고, 다른 하나는 거부하도록 만드는 '두려움의 영향력'이었습니다.

하나님을 간절히 원하며 갈망하는 사람도 '하나님'이라는 존재의 크심과 높으심과 광대하심에 큰 두려움을 느껴 뒷걸음질 칠 수도 있습니다. 만일 그랬다면, 그 이유는 그가 단지 사랑하는 것에서 그치지 않고, 강한 소유욕으로 자기만을 주목해달라고 외쳤기 때문일 것입니다.

성경에서 사람들이 하나님께 '나의 하나님'이라고 말한 경우가 얼마나 있었는지를 찾아보십시오. "신앙에서는 인칭대명사가 사용되지 말아야 한다"라는 말이 있습니다. 이런 말이 나오게 된 이유는, 우리가 우리 자신과 우리가 행한 것과 우리가 어디에 있는지와 누구를 아는지와 무엇을 소유하고 있는지를 말할 때 인칭대명사를 사용하기 때문입니다. 우리는 자신에 대해 말할 때는 인칭대명사를 사용하길 좋아하면서도, 정작 하나님과의 관계를 말할 때는 이를 두려워합니다.

위대한 종교개혁가 마틴 루터는 말했습니다.

"신앙의 모든 핵심은 신앙의 인칭대명사에 담겨있다."

우리가 하나님을 경배하며, 시편 기자나 선지자나 사도나 신비주의자처럼 "나의 하나님, 그분은 나의 하나님이시다!"라고 큰 소리로 말할 때, 하나님은 "그렇다! 내가 네 하나님이다"라고 대답하시며, "왕이 네 아름다움을 사모하실지라 그는 네 주인이시니 너는 그를 경배할지어다"(시 45:11)라는 말씀을 주실 것입니다.

이런 말씀을 받으면 때로 우리는 깊은 숭모의 침묵에 싸여 숨소리조차 들리지 않는 저 높은 곳까지 올라가 "주 예수님, 사랑에 빠진 제 귀에 당신이 들려주시는 미세한 말씀까지도 다 듣기 위해 저는 조금도 움직이지 않고 가만히 있습니다"라고 고백하게 될 것입니다. 이 모든 정신적·정서적·영적 요소는 각각 다른 정도로 존재합니다. 이것들은 노래와 찬양과 기도와 정신적 기도와 내적 기도와 절규하는 기도 안에 존재하면서, 기도가 길어짐에 따라 계속 불타오릅니다. 또한 우리의 사고와 말과 행동에 영향을 주고, 인생철학을 가르쳐주며, 미래를 내다보고 과거를 돌아보게 합니다.

현대인이 즐겨 사용하는 표현을 빌리자면, 이른바 '가치의 등급'을 우리에게 알려줍니다. 이 표현이 문제가 될까요? 아닙니다! 자유주의자들이 이 표현을 사용한다는 이유로 우리가 사용하지 않는다면 어리석은 것입니다. 다시 말하지만, 이것들은 '가치의 등급'을 가르쳐줍니다.

우리는 어떤 것을 다른 것보다 더 높이 평가하고, 가치 있는 것과 없는 것을 구별합니다. 어떤 장소나 시간이나 과업이 거룩해지는 것은 바로 가치를 지녔기 때문입니다. 이처럼 가치의 구별은 우리 모두에게 중요합니다. 예수님이 창세 전에 아버지와 함께 누리셨던 영광이 회복되는 것이나 우리가 예배드릴 수 있는 마음으로 준비되는 것도 가치의 구별 때문에 가능합니다.

051 마음을 바쳐라

　오, 하늘에 계신 지극히 크신 분의 보좌 우편에 앉으신 대제사장이시여, 우리가 당신께 감사합니다. 우리의 이름이 당신의 어깨와 손과 가슴에 있으며, 당신은 지극히 크고 영원하신 분 앞으로 우리를 데려가시고 붙들어 주십니다. 당신을 경배합니다.

　오, 승리하신 대제사장이시여, 진정으로 감사하오니, 당신이 육체로는 죽임을 당하셨지만, 전능하신 아버지 하나님의 오른손이 원수들의 참소에서 당신을 신원하셨습니다.
　당신은 성령 안에서 다시 사셨고, 이제는 영광 중에 계십니다. 당신은 영원히 은혜의 보좌 옆에 계신 우리의 대제사장이며 구주이십니다. 사방에 싸움과 위협과 위험과 죽음이 널려있는 이 어두운 세상에서 우리는 당신을 경배하길 원합니다.

　오, 대제사장이시여, 우리를 위해 죽임당하신 당신의 몸의 상처 안에 우리의 몸을 숨깁니다. 우리가 바칠 수 있는 건 마음뿐이니, 당신을 기쁘게 해드릴 다른 선물은 없습니다.
　당신께 황금 면류관을 드릴 수 있다 해도, 당신의 도성의 길이 금으로 포장되어 있기에 당신은 미소만 지으실 것입니다. 당신께 보석을 바치길 원하지만, 당신의 도성의 문과 담에 보석들이 박혀있을 것이기에 당신께 의미가 없을 것입니다.

주여, 당신께 마음을 바칩니다. 온 피조 세계에서 유일무이한 우리의 마음을 바칠 수 있어서 감사합니다. 속량 받은 도덕적 존재인 우리가 자발적으로 헌신하고 예배할 때, 당신이 우리의 헌신과 예배를 받아주시니 감사합니다.

영원한 언약의 피로써 기도하오니, 우리의 마음의 경배를 받으소서. 이 경배가 당신이 기뻐하시는 참된 것이듯이 우리에게도 기쁘고 참된 것이 되게 하소서.

우리의 예배를 복되게 하소서. 당신의 임재를 특별히 더 느끼게 하소서. 충만히 임재하셔서, 이 자리에 없는 사람들의 빈자리가 채워지고도 남게 하소서. 세상에서 가장 훌륭한 그리스도인 1천 명이 갑자기 들이닥치는 것보다 당신의 임재가 더 의미 있지 않습니까? 물론 그들이 찾아오는 것도 귀하고 아름다운 일이지만, 이 자리를 더욱 빛내는 것은 그들이 아니라 당신의 임재입니다.

온 땅에 퍼져있는 당신의 백성에게 복을 내리소서. 기도하오니, 불쌍한 아시아를 도와주소서. 그곳 사람들은 큰 위험 속에서 가난과 깊은 시름과 유혈과 도주의 삶을 살고 있습니다.

바닷물을 멀리 밀어버릴 수 있는 당신의 능력의 말씀으로 말씀해주시지 않으면, 머지않아 세계의 모든 지역이 복음에 문을 닫을 것입니다.

오, 주님, 당신이 모세와 엘리야와 엘리사의 여호와 하나님이심을 기억하소서. 이스라엘을 원수에게서 지키기 위해 준비된 병거와 기병대가 산지에 있는 것을 우리가 보게 하소서. 온 세상에 있는 당신의 교회에 또 하나의 승리가 주어질 것을 한마음으로 믿사오니, 복을 내려주소서.
주 예수 그리스도를 통해 당신을 찬양합니다. 아멘.

052　　　　　절제해서는 안 될 사랑

아버지시여, 우리가 당신을 사랑하길 원합니다. 당신의 아들과 성령님, 삼위일체 하나님을 사랑하여 기쁨으로 충만해지고 싶습니다. 기독교가 더 이상 도피 수단이 되지 않고 한없는 기쁨과 사랑을 뿜어내도록 삼위일체 하나님을 더욱 사랑하길 원합니다.

하나님께 기도하오니, 우리를 건지소서. 당신께 무엇을 얻으려고 당신을 사랑하는 잘못에서 우리를 건지소서. 오직 당신만을 원해서 사랑하게 하소서. 오, 예수님, 너무나 소중한 주 예수님, 우리가 당신을 향한 사랑을 너무도 절제하고 통제합니다. "당신의 귀한 이름을 사랑해서 당신의 이름을 부릅니다"라고 선뜻 말하지 못하는 것을 용서하소서.

우리가 기뻐하며 춤추지 못한 것을 용서하소서. 성탄절 아침의 어린아이 같지 못한 것을 용서하소서. 재미없고, 굳어있으며, 자기 통제에 능하고, 표정이 차가운 것을 용서하소서. 당신을 향한 우리의 사랑이 격류처럼 흐르고 불꽃처럼 높이 솟아오를 때까지 우리가 풀어지게 하소서.

그리하시면 당신은 우리에게 지금보다 더 많은 사랑을 부어 주시며 당신을 나타내실 것이고, 당신의 사랑이 밤새도록 우리 마음에서 불탈 것입니다. 그리고 우리는 지극히 높으신 하나님의 성막, 쉐키나, 즉 하나님의 거처가 될 것입니다. 어떤 천사나 스랍도 그 정도까지 이르지는 못할 것입니다. 보좌 앞에 있는 어떤 그룹도 그보다 더 높이 올라가지는 못할 것입니다.

지금 이 땅에서, 흙으로 만든 성막으로 옷 입고 있는 우리의 가슴에서 당신을 향한 갈망의 불이 활활 타오르게 하소서. 그리하시면 우리가 하나님을 사랑하는 줄 사람들이 알 것입니다. 그리스도의 이름으로 구합니다. 아멘.

053　　　　　　　　　　　그리스도인의 성공

하늘 아버지시여, 기도하오니, 마치 다른 사람이 전혀 없는 것처럼 우리를 빼내셔서 우리의 외로운 '홀로 있음' 가운데 말씀하소서. 우리가 그리스도인으로서 앞으로 나아가지 못하는 것은 당신의 뜻이 아닙니다. 주여, 우리를 인도하소서. 당신이 말씀하셨으니 확신합니다. 계속 말씀해주소서.

간절히 구하오니, 우리의 어리석음의 결과에서 우리를 건지소서. 우리의 잘못된 본성에서 구하시고 게으름에서 건져주소서. 성부 성자 성령의 삼위일체 하나님 안에서 은혜와 자비와 평안이 영원히 우리와 함께 있게 하소서. 아멘.

054　　　　　　　　　　깨끗한 시작

오, 주님, 우리가 산에 있는 당신의 양 떼인 것을 잘 아십니다. 우리는 적에게 둘러싸인 작은 무리의 병사들입니다. 우리는 인생을 낭비하거나 시간과 돈, 은사를 허투루 쓰고 싶지 않습니다.

베드로와 디두모(요 21:2)처럼 되기를 원치 않습니다. 그들은 동정심 있고, 친근하고, 당신을 믿었고, 특히 당신의 부활을 믿었지만, 무엇을 해야 할지를 몰랐습니다. 성령께서 아직 오시지 않았기 때문이었습니다.

우리는 어떤 사람이 키가 크다고 해서 그를 따르지 않습니다. 그는 성격이 강하고 지도력이 있어서 "이렇게 합시다!"라고 말할 수 있을 뿐, 그 역시 무엇을 해야 할지를 모르기 때문입니다. 사명을 받지 않은 일을 하는 사람을 따르느라 우리의 귀한 시간과 돈과 날을 투자하는 건 잘못입니다. 또한 유행하는 종교에 편승하기보다 차라리 무명의 작은 무리에 합류하기를 원합니다.

주여, 우리 한 사람 한 사람의 손을 잡아주소서. 즙 많은 다육성 풀들이 무릎까지 자라는 들판으로 이끌어주소서. 잔잔한 물가로 인도하시어, 아버지의 약속의 성취를 보게 하소서.

주여, 우리를 살피소서. 우리가 어제 또는 작년에 어떤 사람이 었는지는 중요하지 않습니다. 지금 다시 깨끗이 시작할 것입니다. 당신께 고백하며 용서를 구할 것입니다.

당신은 사람들이 서로 비판하는 소리를 들으셨습니다. 사람들이 수군수군하며 턱에 힘을 주고 입을 꽉 다문 채 서로 스쳐 가는 것을 보셨습니다. 우리의 육신적인 것과 교만을 보고 들으셨습니다.

오, 주 예수님, 우리가 자백합니다. 아무것도 숨기지 않고 부인하지 않습니다. 당신의 백성으로서, 교회로서 자백하고 용서를 빌기 원합니다. 우리를 눈보다 더 희게 하소서.

우리가 깨끗이 씻어주는 강물에 대해 노래하지 않았습니까? 그 정결케 함, 그 샘물, 씻어주는 힘이 있는 그 홍수 같은 물! 그 물을 우리 한 사람 한 사람에게 보내소서.

"모든 이들과 잘 지내자"라는 철학에서 흘러나오는 매끄럽고 번지르르한 언행에서 우리를 건지소서. 예수님을 따르는 자로 산다는 것이 무엇을 의미하는지를 충분히 깨닫고, 눈을 반짝이며 분연히 일어나도록 도우소서!

주여, 이 큰 도시에 있는 당신의 사람들에게 복을 허락하소서. 당신의 진리를 지키기 위해 분연히 일어서는 모든 하나님의 선한 사람에게 복을 주소서. 그들에게 비춰진 빛에 부합하는 복을 내리소서. 모든 교회에 비춰진 빛에 부합하는 복을 허락하소서. 모든 가난한 양에 대해 당신께 감사합니다. 여기저기로 다니는 것조차 힘든 여위고 어린 양들에 대해 감사합니다. 당신을 향해 갈망의 눈길을 보낸 모든 이로 인해 감사합니다.

오, 그리스도시여, 당신은 잘 알고 계십니다. 우리의 끝없이 치열한 경쟁, 이해하기 힘들 정도로 늘 복잡하게 돌아가는 일, 그리고 윙윙 소리 내는 다람쥐 쳇바퀴 돌 듯 끊임없이 반복되는 공허한 활동들을 말입니다. 성령님이시여, 하늘에서 내려오는 비둘기처럼 임하소서. 우리를 소생시키는 당신의 능력으로 임하셔서 구주의 사랑을 사방에 부어주소서. 그리하시면 우리의 사랑도 되살아날 것입니다.

우리를 용서하시고, 사랑스런 존재로 변화시키소서. 그리하시면 사람들이 어렵지 않게 우리를 사랑할 수 있을 것이며, 그들이 우리를 사랑한다고 말해도 위선자가 되지 않을 것입니다.

주여, 고린도전서 13장 안으로 인도하소서. 온유와 겸손과 부드러움과 친절과 오래 참음이 넘치는 곳으로 이끌어주소서. 그 가르침대로 사는 건 많은 희생을 요구합니다. 육신에게는 아주 힘든 일이며 자신을 낮출 것을 요구합니다. 그렇지만 그럴 때, 성령의 능력이 임하십니다. 성령께서 계속 내려오시며 아래로, 안팎으로 흘러내리실 것입니다.

자비로우신 주여, 이 기도를 마칠 때 농담하는 자가 없게 하소서. 들은 말씀을 잊어버릴까 두려우니, 누구도 경박함에 빠지지 않게 하소서. 우리가 그리스도인으로서 이 중대한 한 주 동안 감당해야 할 책임을 깊이 생각하도록 도우소서.

능력의 주님, 말세가 이르렀습니다. 세상의 때는 얼마 남지 않았고, 심판은 다가오고, 왕국이 왕국을, 나라가 나라를 대적하여 일어납니다. 악한 자와 유혹하는 자는 점점 더 악해지고, 사람들은 차가워지고 있습니다. 그들은 "주여! 주여!" 하지만, 자기들이 무슨 말을 하는지 모릅니다.

이 나라 사람들을 수렁과 늪의 웅덩이에서 구해주시기를 기도합니다. 노아의 방주처럼 물 위에 떠서 폭풍우를 헤쳐나가게 하소서. 예수님의 이름으로 구합니다. 아멘.

055 신분에 맞게 행하라

우리의 하늘 아버지시여, 당신은 우리가 육신적 세상 안에 있다는 것을 잘 아십니다. 예스러운 표현으로 말하면, 이 세상은 신경을 곤두서게 하는 사람, 도둑질하는 사람, 아첨하는 사람, 남을 탓하는 사람, 빈들거리는 사람, 꼬치꼬치 캐묻는 사람으로 가득 차있고, 교회 안에도 그런 사람이 많습니다.

눈치를 보는 사람, 시험하는 사람, 양다리 걸친 사람, 그리고 엘리야가 말했듯이 '길이가 다른 두 다리로 걷는 사람'이 아주 많습니다. 오늘은 올라갔다가 내일은 내려가는 사람, 바알을 열심히 섬기다가 다음 주에는 회개하고 여호와를 섬기는 사람. 주여, 이런 사람들이 세상과 교회에 가득합니다!

오, 하나님이시여, 우리가 더욱 전진하여 더 깊은 신령한 일 속으로 들어가도록 도우시기를 예수님의 이름으로 구합니다. 크고 으리으리한 교회가 될 수는 없어도, 불타는 전도자들이 우리 교회에서 나와 '영적 향상의 욕구와 갈망'의 메시지를 들고 어디든 갈 수 있게 도우소서.

그리하시면 바로 그들의 증언이 모든 성도의 물에 소금이 되어줄 것이고, 성도들의 두 발을 근질근질하게 만들 것입니다. 그리고 이런 성도들은 높은 산길을 걸어 올라가 결국에는 불사의 성도들이 거하는 공기가 희박한 정상에 이르게 될 것입니다.

크신 하나님이시여, 이제 우리를 도우소서! 당신의 보혈이 우리의 소망입니다. 당신의 피 때문에 우리가 귀한 존재가 됩니다. 여기에 제 소망이 있습니다. 주여, 만일 당신의 피가 저를 귀한 존재로 만들어준다는 진리를 모른다면, 저는 골방으로 기어 들어갈 것이고, 저보다 더 귀한 사람이 이 진리를 전하도록 할 것입니다.

당신의 피가 그토록 귀하므로 우리는 어떤 악한 영도 전혀 두려워하지 않고 앞으로 나아갈 것입니다. 악한 영이 크든 작든 두려워하지 않으며, 어떤 귀신이나 사람도 겁내지 않을 것입니다. 왜냐하면 당신의 보혈이 우리를 귀한 존재로 만들어주기 때문입니다. 이 모든 것에 감사합니다.

우리에게 목마른 자, 굶주린 자, 갈망하는 자, 진지한 자, 열정이 있는 자, 자기의 잘못을 기꺼이 고백하는 자, 자기의 성격적 흠과 기질적 단점을 인정하는 자를 보내주소서. 자기방어를 시도하지 않고, 오히려 그분을 알고 그분의 십자가와 부활의 능력을 알 때까지 계속 전진할 사람을 보내주소서. "푯대를 향하여 그리스도 예수 안에서 하나님이 위에서 부르신 부름의 상을 위하여"(빌 3:14) 달려갈 사람을 보내주소서!

당신을 기쁘게 해드리는 일이 이 교회에서 일어나게, 아니 더 정확히 말하면 태어나게 해주시기를 기도합니다. 옛적에 '하나님의 친구들'(the Friends of God, 성직자와 평신도가 참여한 중세의 신앙단체), '공동생활 형제단'(the Brethren of the Common Life, 14세기에 네덜란드에서 설립된 경건주의 공동체), 그리고 '불타는 마음 형제단'(the Brethren of the Burning Hearts)이 위대한 종교개혁가의 도래를 위한 토양을 고르며 준비했을 때, 그 무리에서 태어났던 일이 이 교회에도 태어나게 하소서!

은혜를 베풀어 우리에게 복을 주소서. 간절히 구하오니, 진지하고도 즐거운 마음으로 이 기도를 마치게 하소서. 다만 너무 진지해서 별 소망 없이 슬퍼지는 일은 없게 하소서. 어린양의 보혈에는 무한히 즐겁고 영광스런 소망이 있으므로, 우리가 아무리 악할지라도 예수 그리스도 안에 소망이 있음을 알고 나가게 하소서. 예수님의 이름으로 구합니다. 아멘.

056 강을 건너라

오, 우리의 아버지 하나님이시여, 오늘 밤 기도합니다. 눈을 들어 강 건너 가나안의 아름다운 산들을 보며 기도합니다. 지금까지는 모래 광야에 아주 오래 있었습니다. 우리는 메마르고 먼 지투성이고, 우리의 발과 신발은 모래로 가득하고, 우리의 눈은 '복음주의의 모래'로 따갑습니다.

강 건너 나무에 석류가 열린 것이 보입니다. 포도나무에 걸린 아주 큰 포도송이가 보입니다. 살진 소들이 보입니다. 벌들이 모여드는 나무와 바위도 보입니다. 비옥한 푸른 들판이 있습니다. 오, 주여, 가데스 바네아에서 그들이 가나안에 들어가기를 두려워하여 방향을 돌이킨 것이 떠오릅니다.

우리 중 어떤 이는 가데스 바네아까지 올라간 적이 있습니다. 또 어떤 이는 우여곡절이 많은 구불구불한 먼 길을 가는 가운데 사막에서 다람쥐 쳇바퀴 돌 듯할 것입니다. 그러나 기도하오니, 우리 중 훨씬 더 많은 이들이 강을 건너 가나안으로 들어가 무릎 꿇고 당신의 책을 연구하고 믿고 순종하며, 그 책의 명령대로 행하겠다고 결심하게 하소서.

주여, 오직 당신만을 꾸준히 바라보게 도우소서. 우리가 당신의 일하심을 방해하지 않게 하소서. 당신께 우리의 삶을 "이런 방법으로 인도해주소서"라고 기도하지 않고, 오직 당신만을 바라보게 하소서.

우리에게 있는 것에 관심을 쏟지 말고, 없는 것에 관심을 두게 하소서. 우리에게 있는 것은 당신께 맡깁니다. 오직 당신만을 항상 바라보며 우리에게 아직 없는 것을 향해 전진하길 원합니다. 우리의 영혼이 응시하며 갈망하는 것이 우리의 것이 되게 하소서.

우리에게 복을 내리소서. 어떤 이는 날씨가 몹시 나쁜 가운데 긴 여행을 해야 할 것입니다. 그들을 지켜주소서. 그들이 무사히 돌아오도록 도우소서. 간절히 구하오니, 다시 한번 행복한 시간을 갖게 하시고, 전례 없는 큰 전진이 있게 하소서.
그리스도의 이름으로 구합니다. 아멘.

057　빛을 비춰주시고 깨닫게 하소서

　오, 거룩하신 주 예수님, 당신을 찬양합니다. 당신은 우리의 죄 때문에 돌아가신 어린양이시며 제사장이시며 하늘의 대언자이십니다. 당신은 우리의 머리이시며, 우리는 당신의 몸의 지체입니다. 당신은 교회의 주인이시며 장차 오실 이스라엘의 왕, 세상의 왕이십니다. 당신에게는 수백만 개의 직무가 있고, 당신의 머리둘레에는 수만 개의 미덕이 빛을 발하고 있습니다.

　오, 주여, 당신은 하나님의 동산 에덴에 계셨고, 아담은 "그날 바람이 불 때" 음성 곧 말씀을 들었습니다. 우리는 그로부터 수천 년이 지나 말씀이 육신이 되어 우리 가운데 거하신 후에 말씀을 들었습니다. 우리가 들은 말씀도 동일한 것입니다.

　당신을 찬양합니다. 겸손한 마음으로 당신 앞에 나옵니다. 당신의 빛을 차단한 모든 오만하고 교만하고 육신적인 우리의 죄를 부끄러워합니다. 오, 우리의 영에 빛을 비춰주소서. 간절히 구하오니, 낮아진 것을 높이시고, 어두운 것에 빛을 비추시고, 모호한 것을 깨우쳐주소서. 우리가 지극히 높으신 하나님, 곧 천지의 창조자를, 그분의 독생자 주 예수 그리스도를, 그리고 아버지와 아들과 함께 경배와 찬양을 받으시는 보혜사 성령님을 예배하게 하소서. 주여, 현대의 기독교는 예배 말고 다른 것을 많이 합니다. 그러나 우리는 예배하는 그리스도인이 되게 하소서. 성령님의 부드러움이 우리의 것이 되게 하소서. 기도하오니, 성령님의 깊은 영적 지식을 우리에게 주소서.

오, 주여, 당신의 복음주의 교회를 위해 기도합니다. 어디서나 발견되는 당신의 교회를 위해 기도합니다. 세상에 사로잡혀 있는 교회, 곧 바벨론으로 끌려간 교회는 팔 아래에 성경책을 끼고 있지만, 여전히 포로 상태입니다. 교회가 버드나무에 수금을 걸었으니, 이는 '바벨론에서 어찌 여호와의 노래를 부를까'라고 생각하기 때문입니다(시 137:2,4). 크신 하나님이시여, 당신의 교회를 다시 살리시고 개혁하시기를 기도합니다.

구하오니, 루터(Martin Luther, 독일의 종교개혁가이자 신학자, 1483-1546)나 멜란히톤(Philipp Melanchthon, 루터와 협력한 독일의 종교개혁가, 1497-1560), 츠빙글리(Ulrich Zwingli, 스위스의 종교개혁가, 1484-1531)나 웨슬리(John Wesley, 감리교 창시자이자 영국의 종교개혁가, 1703-1791)나 피니(Charles G. Finney, 19세기 복음전도자이자 신학자, 1792-1875) 같은 사람을 우리에게 보내주소서. 교회를 개혁하며 정화하고 교회의 옛 영광을 회복할 사람을 보내주시기를 기도합니다.

교회의 신랑이신 예수님이 교회에게 주신 면류관을 교회 궁정에 다시 놓아주시어, 교회가 참으로 그리스도의 신부로서 그 궁정에 앉게 하소서. 교회가 세상을 닮지 않고 세상과 달리 아름다운 모습을 보임으로써, 세상이 이렇게 말하게 하소서.

"오, 여인들 중 가장 아름다운 자여, 우리에게 말해주시오! 당신이 그 누구보다 더욱 사랑하는 분이 누구인지 말해주시면, 우리도 그분을 찾겠소. 그분이 어디에 계신지 보여주시오. 그분이 어떤 분이신지 말해주시오. 우리는 가짜 사랑에 진절머리가 났소. 당신의 얼굴에서 빛이 나도록 만든 것이 무엇이든 간에, 바로 그것을 우리도 갖고 싶소!"

불쌍한 세상입니다! 주 하나님, 우리는 논쟁을 통해 세상 사람들을 교회 안으로 끌어들이고, 그들에게 겁을 주어 하나님나라로 들어가게 하고, 인공위성이나 폭탄 같은 것들로 겁에 질리게 만들려고 합니다. 그러나 그러지 말고, 우리가 아가서의 신부를 닮게 하소서. 시온의 딸들이 사방에서 찾아와 "당신이 아주 사랑하는 분을 우리에게 보여주시면, 우리도 그분을 따르겠소"라고 말하게 하소서. 예수님을 생각하시어, 우리에게 이런 일이 일어나도록 허락하소서. 예수님의 이름으로 구합니다. 아멘.

058 타협하지 말라

오, 예수님, 당신은 그리스도요 주님이시요 왕이시요 지도자시요 대언자시요 제사장이시요 대제사장이시요 죽임 당하신 어린양이십니다! 누군가 당신을 가리키며 "보라, 하나님의 어린양이로다"라고 말했고, 우리는 당신을 따랐습니다. 당신이 우리를 받아주시고 우리의 죄를 없애버리셨으니 감사합니다.

그러나 당신이 "나를 따르려거든 너희 십자가를 지고 너희를 부인하고 따르라. 내가 있는 곳에 내 종도 있을 것이다"라고 말씀하셨을 때, 우리는 타협하기 시작했습니다. 마치 스콜라 신학자들처럼 아주 능수능란해졌고, 자신을 편하고 안락하게 만들었습니다.

오, 주 예수님, 당신에게 무엇이라고 말씀드려야 합니까? 우리는 아프리카, 인도네시아, 남미, 그리고 대양의 섬들에서 회심자를 얻기 위해 해외 선교지에 소득의 62퍼센트를 보냈습니다. 그러나 만일 그 회심자 중 한 사람이 이 땅에 와서 우리가 얼마나 영적으로 식어있는지를 보면 충격에 빠질 것입니다. 우리가 농담이나 일삼고, 자동차와 양탄자와 전망창이 얼마나 큰지에 온통 관심을 쏟는 것을 보면 정말로 놀랄 것입니다.

주 예수님, 당신 앞에서 부끄러움을 느낍니다. 기도하오니, 우리의 마음을 부싯돌처럼 단단히 하여 다니엘처럼 세상의 고기를 거부하게 하소서. 부끄러운 방황을 한 우리에게 "일어나라. 새롭게 시작하라. 내가 너희와 함께 있을 것이다!"라고 말씀해 주시고, 우리가 활기 넘치는 당신의 격려의 음성을 듣게 하소서.

자비로우신 주님, 기도하오니, 한 사람 한 사람의 마음을 만져주시고, 우리의 작은 장난감 집들을 부숴주소서. 우리가 무의식적으로 만들어 자신도 모르고 있는 작은 우상들을 모두 깨뜨리시고, 우리의 머리를 안락하게 떠받치고 있는 작은 베개들을 모두 찢어주소서. 이 모든 것을 치워주시고, 야곱이 바닥까지 낮아졌듯이 우리도 다시 낮아지게 하소서. 한 주 동안, 우리의 마음을 진지하게 살펴보게 해주시기를 기도합니다.

사랑하는 주님, 반역, 혁명, 수소 폭탄, 국가들의 연맹, 아랍 연맹, 국제 연합(UN), 그리고 '말세'라는 단어를 잘 표현해주는 세계적 현상들을 당신이 잘 알고 계십니다. 목숨을 앗아갈 수도 있는 무기를 손에 쥔 사람들이 있는 상황에서 우리가 한가하게 놀 수는 없습니다.

그럼에도 우리는 너무나 유복하고 안락하기에 놀기 바쁩니다. 상아 침대 위에 사지를 벌린 채 누워있고, 다윗처럼 악기 발명에 몰두하고, 사발로 포도주를 마시고, 지축을 흔들며 침공해 오는 적군의 발자국 소리에 신경 쓰지 않고, 사방에서 불어오는 바람에 실려 오는 적군의 외침 소리를 듣지 못하고, 마냥 우리의 길을 가고 있습니다.

아버지시여, 간절히 구하오니, 이 나라를 도우소서! 근본주의 교회, 복음을 믿는 교회 출신인 우리를 도우소서. 우리는 성경을 갖고서 믿음이 있다고 주장하지만, 바리새인들도 그랬습니다. 우리가 믿음을 실천할 수 있도록 도와주시기를 기도합니다. 우리가 필요한 대가를 지불하는 자들이 되게 하소서.

믿음으로 구하오니, 출타 중인 사람들을 지켜주소서. 그들은 출근은 늦지 않게 하지만, 교회 도착 시간에는 나타나지 않습니다. 그렇지만 그들을 지켜주시어 그들의 뼈가 고속도로 위에 흩어지지 않게 하소서. 도시로 들어오는 꽉 막힌 도로에서 교통체증과 씨름하며 어려움을 겪는 사람들에게 자비를 베푸소서. 교통사고가 줄어, 아니 전혀 일어나지 않아 생명이 보존되게 하소서.

우리는 당신의 도움을 받을 자격이 없지만, 예수 그리스도를 보시고 불쌍히 여기소서. 올바른 생각을 하는 사람의 손에 올바른 책이 들어가게 하소서. 간절히 구하오니, 우리가 인습적으로 머물러 있는 죽은 듯한 어중간한 수준을 타파하고, 담대하고 두려움 없고 비범하고 혁신적인 영적 삶으로 비상하게 하소서. 그렇게 되면, 두려움을 느낀 친구들이 우리를 광신자라고 부르겠지만, 우리는 개의치 않을 것입니다.

우리가 계속 전진하여 당신이 그리스도 예수 안에서 약속하신 땅으로 들어가면 당신의 얼굴에 미소가 피어오를 것입니다. 그런데 그 땅이 우리에게 복으로 주어진 신령한 하늘의 땅임에도, 우리는 그 땅에 이르기 위해 하는 것이 거의 없습니다.
그리스도의 이름으로 기도합니다. 아멘.

059　섬김을 위해 남겨진 자들

"여호와께서 다스리시니 스스로 권위를 입으셨도다 여호와께서 능력의 옷을 입으시며 띠를 띠셨으므로 세계도 견고히 서서 흔들리지 아니하는도다 주의 보좌는 예로부터 견고히 섰으며 주는 영원부터 계셨나이다 여호와여 큰 물이 소리를 높였고 큰 물이 그 소리를 높였으니 큰 물이 그 물결을 높이나이다 높이 계신 여호와의 능력은 많은 물소리와 바다의 큰 파도보다 크니이다 여호와여 주의 증거들이 매우 확실하고 거룩함이 주의 집에 합당하니 여호와는 영원무궁하시리이다"(시 93:1-5).

아버지시여, 이 아침에 우리는 시편 기자처럼 고백하기를 원합니다. 당신을 예배하는 수억 명의 사람들, 온전하게 된 의인의 영들, 그리고 하늘에 기록된 장자들의 모임과 교회와 연합하여 많은 물소리 같은 소리에 우리의 작은 소리를 보태, 주 예수 그리스도의 하나님이며 아버지이신 당신을 찬양하고 경배합니다.

당신은 우리를 만드시고 불쌍히 여기시고 당신의 아들을 보내시어 우리를 속량하셨고, 우리의 속량이 완성되는 날에 우리를 영접하려고 기다리고 계십니다. 당신이 우리를 영화롭게 하시면, 당신의 얼굴을 늘 바라볼 자격이 우리에게 주어질 것입니다.

아버지시여, 당신의 자비가 세상에 임하기를 기도합니다. 합심하여 구하오니, 분별력 없고 세상적이고 부주의한 자들을 살려주소서. 어느 교회도 찾아가지 않는 사람과 종일 거룩한 생각을 하지 않고 육신이 줄 수 있는 온갖 것을 탐닉하며 죽음과 심판과 내세를 전혀 생각하지 않는 사람들을 용서하소서.

우리는 그들을 책망하지 않습니다. 당신 앞에서 "우리는 그들과 다릅니다"라고 말씀드리지 않습니다. 우리도 다를 것 없으며 똑같습니다. 그러나 당신이 큰 자비하심으로 우리 중 어떤 이들을 찾아와 변화시키셨습니다. 그러니 우리는 당신을 사랑하며 올바르게 살기를 원하고, 희생 없이는 섬김이 불가능한 세상에서 당신을 섬기길 원합니다.

아버지시여, 기도하오니, 우리나라에 복을 내리소서. 자유로운 교회를 세우기 위해 바다 건너 속박의 땅에서 이곳으로 건너온 우리의 조상들에게 당신이 주신 이 땅의 복을 허락하소서. 이 땅과 이 나라에 대해 감사합니다. 우리나라와 권세자들에게 복을 내리시기를 기도합니다.

또한 교회 지도자들의 건강을 위해 기도합니다. 성경학교, 신학교, 기독교 대학, 선교회, 교회학교, 큰 교회와 작은 교회, 유명한 목회자와 무명의 목회자, 복음전도자를 위해 기도합니다.

잘 알려지지 않아 이름이 거의 언급되지 않는 무명의 사역자도 모든 이의 입술에 그 이름이 오르내리는 사역자만큼 거짓 없이 진심으로 당신을 사랑합니다. 아버지시여, 오늘 모든 곳에 복을 내리소서.

오늘날 투쟁하고 몸부림치고 고난을 견디며 전진하고 있는 교회 위에 생명을 주는 능력과 소생시키는 은혜가 담긴 숨결을 불어주소서. '철의 장막'(제2차 세계대전 후 소련과 동유럽 공산주의 국가가 채택한 정치적 비밀주의와 폐쇄성을 자유주의 진영에서 비유적으로 이르던 말) 뒤에 있는 나라들에 복을 내리소서. '죽의 장막'(중국과 자유 진영의 국가들 사이에 가로놓인 장벽을 중국의 명산물인 대나무에 비유하여 이르는 말)과 온갖 장막 뒤에 있는 나라들에도 복을 부어주소서. 그곳에서는 기도하기가 힘듭니다.

하나님, 공산주의의 무서운 압제 아래 신음하는 그리스도인 형제들에게 복을 주소서. 기도하오니, 당신의 교회에 복을 주소서. 성령님께서 다시 오시어 산 자를 영화롭게 하시고, 죽은 자를 살리시고, 우리를 그분처럼 만들어주실 시간이 하루속히 도래하게 하소서. 주 예수 그리스도를 통해 구합니다. 아멘.

060　　　　　　　　　　약함 가운데 강함

아버지시여, 말씀을 통해 복을 주시기를 기도합니다. 우리는 삼손을 사랑하고 동정합니다. 그가 마땅히 되었어야 할 존재와 그가 실제로 되었던 존재 사이의 극명한 모순은 그 후 여러 세기에 걸쳐 사람들에게 경고의 목소리가 되었습니다.

오, 주님, 당신께 기도하오니, 우리가 삼손처럼 강해질 수는 없어도, 그처럼 약해지지는 않게 하소서. 위대한 존재가 될 수는 없어도, 우리에게 있는 작은 나무를 경건한 마음으로 잘 가꾸게 하소서. 그리스도의 이름으로 구합니다. 아멘.

참회의 기도

7장

APPROACHING THE ALMIGHTY :
100 PRAYERS *of* A. W. TOZER

그 어떤 것도
비길 수 없는

세상과 우리 안에 내재하시는 하나님은 무한한 열정을 갖고 계십니다. 하나님은 그분의 위격(位格)들 안에서 자신을 향해 열정에 불타십니다. 그분의 위격들은 서로를 무한히 기뻐하십니다. 성부는 성자를, 성자는 다른 두 위격을 무한히 기뻐하십니다. 하나님은 그분의 피조 세계를 기뻐하시며, 특히 그분의 형상대로 지어진 인간을 가장 기뻐하십니다.

그러나 불행하게도, 죄인인 우리에게 불신앙이 들어와 우리 위에 구름을 드리워 하나님의 빛을 차단했습니다. 그 결과 우리는 주어진 현실, 바로 하나님이 우리를 무한히 기뻐하신다는 사실을 믿지 않게 되었습니다. 만일 이것을 믿는다면, 확신을 갖고 기도를 통해 담대히 그분께 나아갈 것입니다.

어떤 사람이 다음과 같은 짧은 기도를 드렸습니다.

"오, 하나님, 당신의 선하심을 따라 제게 당신 자신을 주소서. 왜냐하면 저는 당신만으로 충분하며, '당신보다 못한 것'은 구하지 않기 때문입니다. 당신을 제게 주소서."

우리는 진정한 부흥을 위해 이 기도로 시작해야 합니다.

"오, 하나님, 당신을 제게 주소서. 당신보다 못한 것은 그 어떤 것도 소용없습니다."

여기서 '그 어떤 것도'라는 표현에 주목해봅시다. 이 표현을 사용한 노리치의 줄리언(Julian of Norwich, 14세기 영국의 항구 도시 노리치에서 한 평생 은수자의 삶을 살았던 신비주의자, 1342-1416)은 이렇게 기도했습니다.

"언제든지 저는 '하나님보다 못한 것'이라면 그 어떤 것도 없어도 됩니다."

나는 그녀의 이 짧은 표현을 좋아합니다. 우주 저 구석에 가장 멀리 있는 천체로부터 양성자에 이르기까지, 우리의 척도의 맨 위에서부터 맨 아래에 이르기까지 퍼져있는 모든 것, 땅과 하늘과 바다의 아름다운 것, 광산의 다이아몬드, 숲의 나무, 매력적인 경치와 도시의 재산 중 '그 어떤 것도' 하나님과 비길 수 없습니다. 그렇기에 노리치의 줄리언은 "모든 것을 가졌어도 내게 당신이 없다면 부족할 것입니다"라고 기도했습니다. 이 말을 현대적 표현으로 바꾸면 "오, 하나님, 당신이 없으면 충분치 못합니다!"가 될 것입니다.

당신의 마음 깊은 곳에서 판단할 때, 모든 사람의 문제가 무엇입니까? 사람 안에는 '내밀한 곳'이 있는데, 그것에 대해 아무도 말하지 않을 것이고, 보통 사람은 그런 게 있다고 믿지도 않을 것입니다. 그것은 당신 속에 너무 깊이 있기에 당사자 외에는 아무도 알 수 없습니다. 에덴의 동쪽 깊은 곳에는 지성소, 즉 깊고 깊은 내밀한 곳이 있습니다. 그것은 당신의 위대한 영혼 안에 있으며, 그 안에는 동산과 보좌가 있습니다. 온 세상을 얻는다 해도, 그 내밀한 곳에서는 이런 외침이 터져 나올 것입니다.

"저는 언제나 만족이 없습니다. 여전히 굶주려 있습니다!"

사람에게 모든 것을 준다 해도 '세상을 가져가고 내게 예수님을 주시오'라는 노랫말은 사라지지 않을 것입니다. 온 세상을 소유해도 예수님이 없다면 "언제나 저는 만족이 없습니다"라는 절규가 마음 깊은 곳에서 흘러나올 것입니다.

하나님의 형상으로 지어진 인간의 영혼이 우주까지도 포함할 정도로 크면서 "내게 더 주시오!"라고 소리치는 건 가장 큰 재앙이라고 생각합니다. "하늘과 모든 하늘의 하늘"(신 10:14)보다도 더 큰 인간의 영혼이 하나님 없는 존재가 되어 긴 세월이 흐른 후에도 여전히 "저는 만족을 모릅니다. 오, 하나님, 평생 만족이 없습니다"라고 외치는 것이 가장 큰 비참함입니다.

061　　　　　　　　　유익하고 거룩한

사랑하는 주 예수님, 우리가 함께 기도하길 원하오니 당신이 우리 안에서 우리를 위해 일해주시기 바랍니다. 모인 영혼들은 마음이 차갑고 사랑이 없습니다. 죄의 생각이 널리 퍼져있고, 당신을 찾는 갈망은 희미합니다.

우리는 사방에 온통 부끄러운 것뿐입니다. 우리의 가슴을 다 드러내놓고 "오, 내 영혼이 사랑하는 분, 내 신실한 친구시여, 내게 상처를 주소서. 죽음에 이르도록 내게 상처를 내시고, 새로운 생명으로 다시 살리소서!"라고 말씀드려야 비로소 영적 전진이 가능함을 깨달았습니다.

주여, 간절히 구하오니, 당신이 한 걸음 한 걸음 인도하시어 성경의 깊은 것들 속으로 이끌어주소서. 우리가 단단한 핵심 그룹이 되게 하시고, 우리에게서 하나님을 사모하는 간절한 열정을 배우고, 동정을 배우고, 죄와 자신의 과거에 대한 올바른 태도를 배우는 더 큰 그룹이 만들어지게 하소서.

오, 주님, 우리의 죄를 용서해주셔서 감사합니다. 우리는 지난 죄 때문에 더 이상 고민할 필요가 없습니다. 그러나 우리가 이제까지 죄인이었음을 잊어버리는 경박함에 빠지고 싶지 않사오니, 우리에게 상처를 내시고 우리가 동정심을 느끼게 하소서. 동정심 때문에 즐거움이 사라져도 얼마든지 감수할 것입니다. 우리는 행복에는 관심이 없고, 다만 유익하고 거룩한 존재가 되기를 원할 뿐입니다.

그러므로 우리의 사랑인 주님이시여, 당신을 갈망하는 것은 즐거우면서도 고통스런 기다림입니다. 그런 고대하는 마음을 우리에게 채우소서. 아주 늦은 시간까지 우리가 무엇을 하든지 당신을 향한 사랑의 갈망이 계속 솟아나게 하소서.

기도해달라고 부탁한 이들이 기도 응답을 넘치게 받게 하소서. 그리하시면 그들은 매우 놀랄 것이며, 훌륭하고 능력이 있는 그리스도인이 될 것입니다. 예수님의 이름으로 우리의 기도를 들어주소서. 아멘!

062 회개하고 믿어라

아버지시여, 이 아침에 당신 앞에서 회개하길 원합니다. 단지 기도하는 것으로 그치지 않고 당신 앞에서 우리의 물질주의적 태도를 회개하길 원합니다. 왜냐하면 우리가 이 세상의 관점에서 세상 사람들처럼 판단하고 측량하고 가치를 부여했기 때문입니다. 아버지시여, 이는 잘못된 것이오니 우리를 용서하소서.

또한, 이 땅에 마음을 빼앗기고 사라져 없어질 것들에 몰두한 것을 회개합니다. 한 국가의 국민으로서 회개하고 싶습니다. 우리를 용서하고 깨끗하게 씻어주소서. 그리하시면 우리의 마음이 가라앉아 침묵 가운데 음성을 듣고, 고백하지 않은 죄의 너덜너덜한 보푸라기와 먼지가 쌓이지 않으며, 우리가 받게 될 옷이 희고 깨끗하게 빛날 것입니다.

우리는 자격이 없는 자들이지만, 믿음이 있습니다. 생명의 떡이신 분이시여, 이 아침에 떡을 떼어주시고 영혼의 포도주를 부어주소서. 더 원하지 않을 때까지 먹여주소서. 예수님의 거룩한 이름으로 구합니다. 아멘.

063   진노 중에도 자비를 기억하소서

오, 그리스도시여, 당신이 이 땅에 계셨던 때부터 해가 1950번 바뀐 지금, 우리가 여기에 있습니다. 우리는 당신을 따르는 자입니다. 그렇지만 우리는 너무 많고 당신은 너무 적습니다. 이 땅은 너무 많고 하늘나라는 너무 적습니다. 설명할 수 있는 건 너무 많고 설명할 수 없는 건 너무 적습니다. 인간의 마음에서 나오는 건 너무 많고 성령님에게서 나오는 건 너무 적습니다.

지극히 크신 당신의 영광의 보좌 앞에서 회개합니다. 우리의 죄와 허물을 용서하시고, 더러운 것을 깨끗게 하시고, 우리를 우리 자신에게서 건지소서. 하나님에게서 온 것이라고 착각했지만, 실은 인간적인 것을 용서하소서. 영이라고 착각했지만, 인간적 노력에 불과했던 것을 사하소서. 성령님이라고 착각했지만, 실은 막연한 인간적 낙관이었습니다.

오, 하나님, 이런 것들이 우리나라와 신앙에 어떤 영향을 주었습니까? 이로 인해 당신과 성령님의 마음을 아프게 해드린 것을 용서하소서. 우리는 모든 이의 환심을 얻고 사회에 적응하려고 애써왔습니다. 그러나 그 결과, 지금 배척당하고 있습니다.

주여, 한 세대가 지나면 우리는 미국의 우상들 앞에 무릎을 꿇을 것입니다. 이는 우리의 잘못 때문입니다. 우리는 하나님의 진품 대신에 인간의 모조품을 권했습니다.

우리 마음속에 당신을 모시지 않았기에 당신이 우리에게 복수하시는 것입니다. 우리가 마리아의 아들을 마음에 모시지 않으므로, 당신은 우리가 사람들로부터 마리아를 배워 모시도록 하셨습니다. 우리가 성령을 모시기를 싫어하자 성수(聖水)를 받아들이게 되었습니다. 그리하여 우리는 거부당하고, 침묵을 강요당하고, 협박당하고 있습니다.

신문은 사슬에 묶여있고, 강사와 라디오 평론가는 진실을 말하기 두려워합니다. 모두가 신실하지 못한 이 거대한 바벨론에 맞서 분연히 일어나기를 두려워합니다.

나의 주 하나님, 이것은 우리 위에 임한 심판입니다! 이렇게 말할 수 있는 것은 우리가 회개 없이 회심하고, 믿음 없이 거듭나고, 소위 '혁명적 변화' 없이 당신을 영접했기 때문입니다. 이것이 우리가 행한 것입니다.

우리는 죄를 범했습니다. 교회, 교인, 그리고 목사가 범죄했습니다. 나의 하나님이시여, 우리를 도와주시기 바랍니다. 당신이 진노 중에 계시지만, 그럼에도 세월의 흐름 속에서 우리를 소생시켜 주소서. 오, 주님, 자비를 기억하소서! 기도하오니, 미국을 이끌어가는 사람들에게 다시 한번 지혜와 통찰력을 주소서.

지도자의 위치에 있는 사람과 설교단에서 두려움을 모르는 강력한 선지자가 나오게 하소서. 레오나드 레이븐힐(Leonard Ravenhill, 잉글랜드의 복음전도자로 기도와 부흥을 역설했다, 1907-1994), 패리스 리드헤드(Paris Reidhead, 선교사 및 저술가, 1919-1992), 그리고 데이비드 웰스(David F. Wells, 미국의 신학자이자 고든 콘웰 신학교 교수, 1939-) 같은 사람이 많이 나오게 하소서. 그 무엇도 두려워하지 않는, 골목에서 불량배를 만나도 도망하지 않을 만한 사람을 많이 보내소서. 기도하오니, 이 두려움의 시대에 강한 자를 일으켜주소서. 제 눈에 보이는 것은 소심한 겁쟁이 목회자뿐입니다. 우리를 용서하소서. 우리의 머리 위에, 또 앞으로 일어날 젊은 세대의 머리 위에 선지자의 기름을 부으소서.

오, 하나님, 바람에 날리는 향기처럼 부드럽고 사랑 넘치는 종교적 어휘를 즐겨 사용하는, 발톱과 이빨 없는 얼룩 고양이들은 너무 친절하고 나긋나긋합니다. 그러나 하나님나라에서는 이들이야말로 반역자 아닙니까? 그들에게서 우리를 구하시고, 엘리야와 시드기야처럼 담대하고, 스가랴와 이사야와 모세처럼 강한 사람들을 주소서. 존 녹스(John Knox, 영국 스코틀랜드의 종교개혁가, 1514-1572), 피니, 샘 존스(Sam P. Jones, 미국의 복음전도자, 1847-1906) 그리고 루터와 같은 우레의 아들들을 주소서.

오, 주여, 당신께 간구합니다! 아멘.

064   부끄러움에서 속량 받다

아버지 하나님이시여, 당신의 아들 예수 그리스도로 인해 감사합니다. 우리의 기억에 남아있는 행위는 오직 부끄러운 것밖에 없습니다. 우리의 뇌와 생각과 몸과 영혼에 있는 것이라고는 마땅히 부끄러워해야 할 것뿐입니다. 우리 자신이 행한 것은 전혀 없고, 오직 당신이 모든 것을 주셨습니다. 당신이 주신 것들을 부끄러워하지 않고 오히려 기뻐하며 깊이 감사합니다.

당신의 보좌 앞에 흠 없이 서기 위해 오직 당신의 의로 옷 입고 나아갈 것입니다. 당신은 우리를 아시고, 당신의 것이라 주장하시고, 부끄러워하지 않으실 것입니다. 왜냐하면 당신의 자비하심으로 속량하셨기 때문입니다. 가난하고, 상처받고, 멍들고, 한심하고, 창백한 얼굴로 죽어가던 우리를 당신이 찾아내어 높이고 새롭게 하고 생명을 주셨으니, 우리는 당신의 것입니다.

기도의 자리에 나온 사람들에게 복 주시기를 원합니다. 혹시 구원받지 못한 사람이 있다면, 속히 깨닫고 예수 그리스도를 의지하며 "주여, 제 과거를 후회합니다. 이제부터 저는 당신의 것입니다"라고 말씀드리게 하소서.

자비하신 주여, 우리가 찬송을 부르며 예배하오니 복을 내리소서. 그리스도의 이름으로 구합니다. 아멘.

065   어린양을 따르라

아버지시여, 기도를 부탁한 이들을 위해 기도합니다. 당신은 육신을 잘 아십니다. 아담의 사자(獅子)가 일어나 힘으로 제멋대로 행하고 싶어 하는 유혹이 어떤 것인지를 당신은 잘 아십니다. 그리고 우리는 죽음으로써 승리를 거두신 어린양의 길을 반드시 배워야 한다는 것을 알고 있습니다. 어린양께서는 죽으셨기에 사셨고, 영원히 살아계십니다.

당신은 사자가 아니라 어린양을 따르라고 우리를 부르셨습니다. 인간을 따르라고 말씀하시지 않고, 대신 "이들이 어린양을 따랐다"라고 말씀하셨습니다. 그러므로 우리가 어린양을 따르길 원합니다.

오늘 밤 기도를 부탁한 이들을 도우소서. 다만 이 교훈을 가르쳐주는 것으로 끝내지 마시고, 어떻게 하면 옛날 성도들처럼 겸손히 살 수 있는지를 마음속 깊이 가르쳐주소서. 대제사장을 알아보지 못하고 그를 비난한 후 즉시 "나는 그가 대제사장인 줄 알지 못하였노라"(행 23:5)라고 사과한 바울처럼 살 방법을 가르쳐주소서. 기도하오니, 사과와 고백이 얼마나 아름다운지, 온유와 연약함의 능력을 가르쳐주소서. 그리스도의 이름으로 당신을 바라볼 때 은혜를 베풀어주소서. 아멘.

066   어려움에 처했을 때

오, 우리의 아버지 하나님, 당신이 아시듯이, 우리는 당신의 아들을 따르고 있습니다. 우리는 그분의 추종자이며, 그분에게서 뒷걸음질 치지 않습니다. "너희는 그분의 추종자가 아니다"라는 마귀의 거짓말을 믿지 않습니다. 우리는 당연히 그분의 추종자입니다. 우리가 그분을 알기에 그분도 우리를 아십니다. 그러므로 당신을 찬양합니다.

그러나 당신이 아시듯이, 우리에게는 기대하는 마음이 없습니다. 과거의 이스라엘 민족처럼 당신에게 아무것도 기대하지 않습니다. 똑같은 말로 기도하고 또 기도하지만, 아무것도 기대하지 않습니다. 주여, 우리를 용서하소서. 지금 일어서서 "나를 위해 기도해주시오"라고 부탁하는 모든 사람을 위해 제 마음을 당신께 올려드립니다. 그리고 저 자신을 위해서도 기도합니다.

오, 아버지시여, 정신적 타성에 빠지기는 매우 쉽습니다! 그래서 어제가 내일에게 명령하고, 과거의 일이 미래의 일을 결정하도록 내버려 둡니다. 그러나 당신은 만물을 새롭게 하시는 하나님이시라고 스스로 말씀하셨습니다.

우리의 예상을 뛰어넘어, 심지어 불가능한 일까지도 당신이 행하실 거라고 감히 믿는 경지에 이르도록 우리의 마음을 만져주소서. 당신은 불가능을 가능케 하시는 하나님이 아니십니까?

오, 하나님, 여기 모인 우리에게 홀연히 임하소서. 사단을 당혹감에 빠뜨릴 만큼, 사단이 자기가 세상을 좌우지하는 것이 아님을 뼈저리게 느낄 만큼 충만히 임하소서. 그는 당신이 다시 사셨다는 것을 알 것입니다! 당신이 우리의 만성적 불신앙 때문에 슬퍼하시는 일이 없도록 당신의 능력의 팔을 보여주시고, 당신을 신뢰하는 믿음을 부어주소서.

아버지시여, 우리가 회개하며 당신을 바라보는 시간을 가진 후에 오늘 밤 '하나님의 집'에 모이게 하소서. 많은 사람을 데려오서서, 모두가 함께 아름답고 영광스러운 소생의 시간을 갖게 하소서. 성부, 성자, 성령의 삼위일체 하나님이 주시는 은혜와 자비와 평안이 우리와 영원히 함께하게 하소서. 아멘.

067   준비하고 기다려라

오, 하나님, 당신은 세상이 어떻게 죄를 지었는지, 당신의 백성이 어떻게 범죄했는지를 아십니다. 우리가 또 다른 세상을 위해 지음 받았음을 어떻게 잊어버렸는지도 아십니다. 우리는 문명을 의지합니다. 에이브러햄 링컨, 윌리엄 글래드스턴, 비스마르크 같은 사람들의 사상을 의지합니다. 그러나 오직 당신의 아들만이 세상에 평화를 주실 수 있음을 잊어버렸습니다.

멸망의 문턱에 있는 이 세상에 우리가 살고 있지만, 세상과 구별되어 깨끗하고 순수하게 소망 가운데 살도록 도우시기를 기도합니다. 그리하시면 적그리스도의 발뒤꿈치가 사람의 나라들을 짓밟기 전에 당신이 오실지라도 우리는 준비되어 있을 것입니다. 먹고 마시는 데 정신을 뺏기지 않고, 세상일에 매몰되지 않으며, 옛날 애굽에서의 이스라엘 민족처럼 허리띠를 동이고 지팡이를 잡고 불을 켠 채 출발할 준비가 되어있을 것입니다.

기도하오니, 우리에게 복을 내리소서. 당신의 손이 우리 위에 머물게 하소서. 다가올 한 주가 복되게 하소서. 주 예수 그리스도를 통해 우리 위에 당신의 복이 머물게 하소서. 아멘.

068 계속 전진하라

주 예수님, 오늘 밤 당신의 제자들이 모였습니다. 당신의 종은 구약과 신약에 근거하여 능력과 생명의 길을 설명하려고 애썼습니다. 주여, 당신도 잘 아시듯이, 강단에 서서 그 길을 설명하는 것보다 세상에 나가 그 길을 가는 것이 더 어렵습니다. 그럼에도 불가능하지는 않습니다. 만일 불가능하다면 우리는 당신의 말씀이 모순되고 혼란스럽다고 느낄 것입니다.

오, 그리스도시여, 기도하오니, 교회가 능력도 거룩함도 광채도 없이 그저 '잘되고' 있습니다. 물론 잘되는 모든 사람에 대해 당신께 감사합니다. 또 당신의 아들에 관해 선한 말을 하는 이들과, 진심이 담겼든 아니든 당신 편에 서서 증언하는 모든 이에 대해 감사합니다. 당신의 종이 "무슨 방도로 하든지 전파되는 것은 그리스도니 이로써 나는 기뻐하고 또한 기뻐하리라"(빌 1:18)라고 말한 것처럼 우리도 기뻐합니다.

그러나 당신의 교회와 사람들 안에 있는 연약함과 이기심과 육신적인 것으로 인해 성장하지 못하고 전진하지 못함을 슬퍼합니다. 우리는 '큰 그리스도인'이 될 수 있음에도 '작은 그리스도인'에 머물고 맙니다. 오, 주여, 우리를 도우소서!

당신은 "서로 기도하라"(약 5:16)라고 말씀하셨습니다. 그렇게 말씀하신 이유가 충분하므로, 우리는 기도를 부탁한 이들을 위해 기도합니다. 그들을 얽어매는 것이 끊어지며 자유를 얻게 하소서. 청미래덩굴과 가시철사를 힘차게 끊어버리고 육신의 덫과 함정에서 빠져나와 그리스도를 따라야 하지 않겠습니까? 믿음으로 자신을 그분과 함께 십자가에 못 박고, 훗날 그분과 함께 부활하여 영광의 빛과 자유 안으로 들어가야 하지 않겠습니까? 기도하오니, 우리의 간구를 들어주소서!

우리가 사랑하는 이들을 계속 인도하소서. 올바른 책을 쥐여 주시고, 올바른 말씀으로 이끌어주소서. 그들이 낮이나 밤에 시간을 내서, 문제를 개인적으로 해결하도록 도우소서. 이들뿐 아니라 당신의 자녀 모두가 그렇게 하게 하소서!

오, 하나님, 자신감에 차서 미소를 머금고 으스대며 활보하는 대담한 그리스도인과 온유하고 겸손하고 자비로운 마음으로 자신을 부인하고 당신을 따르는 그리스도인 사이에 속히 선을 그어주소서. 그리고 십자가에 못 박혀 낮아진 사람들 위에 성령께서 임하소서. 그리하시면, 그들이 새 생명까지 솟아올라 빛을 발하며, 그렇지 못한 사람에게도 모범이 될 것입니다. 우리 주 예수 그리스도의 이름으로 구합니다. 아멘.

감사의 기도

8장

Approaching the Almighty :
100 Prayers *of* A. W. Tozer

하나님의 선하심으로 주어지는 기도 응답

하나님은 완전한 창조자이시며, 그분의 피조물 안에 임재하심으로써 만물을 경영하십니다. 예언서와 시편과 욥기 같은 구약의 모든 책이 이를 보여줍니다. 그런데 과학의 시대가 도래하자 이것을 잊어버렸고, 자연의 법칙만이 우리에게 남았습니다.

과학의 법칙은 알지 못했지만, 성경은 하나님이 일하신다는 사실을 알았습니다. 성경에 의하면, 비가 오는 것은 "그가 그의 누각에서부터 산에 물을 부어"(시 104:13)주시는 것이었습니다. 번개가 치는 것은 그분이 행하시는 것이고, 우레 소리는 전능자의 음성이었습니다. 모든 게 그분이 하시는 것이었습니다.

구약 시대의 사람들은 하나님을 깊이 의식했습니다. 그들은 하나님과 함께했기에 외롭지 않았습니다. 야곱은 "여호와께서 과연 여기 계시거늘 내가 알지 못하였도다"(창 28:16)라고 말했습니다. 그러니 '하나님은 그분의 우주를 떠나서 리모컨으로 우주를 조종하시는 공학자시다'라는 사상은 완전히 잘못된 것입니다. 그분은 우주에 내재하시며, 황홀한 사랑의 열정에 불타면서 그분의 거룩한 계획을 힘차게 추진하십니다.

이렇게 말하면 당신은 "나는 하나님이 그렇게 일하시는 걸 느껴 본 적이 없습니다"라고 말할지 모르겠습니다. 하지만 그건 당신의 불신앙 때문일 것입니다. 이 세상에 정신이 팔려있기에 못 느끼는 것입니다.

당신에게 그분을 믿을 의지가 있다면, 내 말이 사실임을 알게 될 것입니다. 내가 분명히 말하고 싶은 건, 그분이 그 무엇에도 무관심하실 수 없다는 것입니다. 사람은 무관심할 수 있지만, 그분은 그러실 수 없습니다. 그분은 무한한 에너지를 끊임없이 쏟아부어 사랑하시든지, 아니면 불로 태워버릴 만큼 미워하십니다. 그분의 선하심은 만물의 뿌리이며 사물의 원인이고, 존재의 유일한 이유입니다.

하나님이 왜 우리의 기도에 응답하십니까? 우리가 선해서라고 상상하지 맙시다. 그리스도인은 '성인'(saint)을 믿지 않습니다. 그러나 분명히 우리는 누군가를 성인으로 생각합니다. 예를 들어 신실한 성도가 죽은 지 25년이 지났을 때 그 이름 앞에 '성'(聖, St.)을 붙여줍니다. 다시 말해, 그들을 시성(諡聖)하지는 않지만 '거룩한 사람'으로 인정합니다. 그러다 보니 우리에게는 성 조지 뮐러, 성 스펄전, 성 무디, 성 심슨, 그리고 모든 프로테스탄트 성도들이 있습니다.

그들이 정말로 선했기에 하나님께 기도 응답을 받았다고 생각할 수도 있지만, 만일 그들이 이 자리에 있다면, 그런 생각에 극구 반대할 것입니다. 어느 한 사람도 빼놓지 않고 모두 반대할 것입니다!

하나님으로부터 무언가를 얻을 자격이 있어서 얻은 사람은 아무도 없습니다. 그런 자격을 갖춘 인류는 존재하지 않습니다. 창조된 인간이 스스로 공적을 쌓거나 자기 힘으로 무언가를 얻는 건 불가능합니다. 인간이 마땅히 받아야 할 것은 형벌과 죽음뿐입니다.

하나님이 기도에 응답하시는 건, 그분이 선하시기 때문입니다. 하나님께서 그분의 선하심과 인자하심, 호의 가운데 응답하기로 결정하셨기 때문에 응답이 주어집니다. 그러므로 하나님이 모든 선한 것의 근원이심을 반드시 기억해야 합니다. 그분이 자신의 선함을 동기로 삼아 사랑의 마음이 원하는 것을 행하시기에 기도 응답이 주어지는 것입니다.

069   섭리의 보호

주 예수님, 우리가 창조되었다는 사실 자체로 감사합니다. 만일 창조되지 않았다면, 우리는 기억에도 없는 과거를 짊어지고 텅 빈 공허 속에 누워있을 것입니다. 하지만 당신이 자연에게 "생육하여 번성하라!"라고 말씀하셨고, 우리가 여기 있게 되었습니다.

오, 주님, 우리가 태어나고 당신이 "낳아라!"라고 말씀하신 후에 자연이 우리를 낳았고, 당신의 섭리가 이 긴 세월 동안 우리를 보호해주어서 감사합니다. 우리는 약간 상처가 났고, 오래된 승용차처럼 여기저기 찌그러지거나 녹슬었지만, 그래도 여전히 함께 모입니다. 은혜가 우리를 지켜주었습니다. 우리의 탄생에 깃든 은혜가 지금까지 우리를 섭리 가운데 지켜주었습니다.

오, 하나님, 우리가 죄로 향하고 있을 때 당신이 우리를 속량할 방법을 생각하셨으니 감사합니다. 소망이 없을 때 우리를 구원할 방법을, 멸망을 향해 달리고 있을 때 우리를 되찾을 방법을 생각하셨습니다. 무한한 은혜, 조건 없는 은혜로 말미암아 우리는 당신의 것이 되었습니다.

오, 아버지시여, 이 밤에 우리의 가족들을 위해 기도합니다. 깨어진 가족도 크리스마스 시즌이 되어 카드와 선물을 서로 주고받고, 전화나 전보를 주고받으며 잠깐이나마 서로 연락합니다. 우리가 사랑했던 사람들이 기억납니다.

또한 이 교회에서 성장한 청소년들을 생각하게 됩니다. 그들에게 이 교회는 너무 작고 좁았지만, 세상은 너무 컸기에 신앙 훈련은 사라졌습니다. 우리 곁을 떠난 친인척을 위해서도 기도하오니, 우리의 기도를 들으소서. 크리스마스 시즌을 맞아 당신의 눈이 그들 위에 머무시며 그들을 지켜주소서. 그들이 구원을 얻기 위해 당신이 행하실 일을 행하소서. 아멘.

070 가장 위대한 발견

주여, 감사합니다. 단번에 믿음을 주셔서 진정으로 감사합니다. 모든 음악과 시와 기예(技藝), 탄력을 받아 도약한 신앙심, 거룩한 사람들의 모든 꿈, 그리고 현인과 선견자의 비전에 대해 감사합니다. 옛날에 이 땅에 살았던 선하고 진실하고 충성스러운 사람들을 기억나게 해주는 장소들에 대해서도 감사합니다.

신앙과 믿음과 훈련과 기도와 분투 속에서 행한 그들의 모든 수고가 우리를 '약속의 성취'이신 그분께로 인도한 것에 감사합니다. 이제 우리는 그분을 만났습니다. 우리가 행한 모든 것을 우리에게 말씀해주신 바로 그분을 찾았습니다.

놀라우신 그분은 죄를 범한 적이 없으시며, 우리와 함께 앉아 말씀해주셨고, 죄를 제외한 모든 것을 행하셨습니다. 이 얼마나 감사한 기적입니까! 그것은 사람들에게서 나타나신 그분의 놀랍고 빛나는 기적입니다. 거룩하신 예수님, 우리의 감사를 받으소서. 주여, 감사합니다!

기도하오니, 오늘 밤 여기에 모인 모든 사람이 마음을 구주께 활짝 열게 하소서. 그리고 그분이 언제라도 즉시 오실 수 있다는 것을 믿게 하소서. 그들의 마음에 우물을 파서 물이 솟아나고, 세대에서 세대로 이어지는 가운데 끊임없이 솟아나서 결국 영생에 이르도록 도우소서. 뜻을 정하지 않고 경계선에 서있거나, 부분적으로 신앙의 퇴보를 겪고 있거나, 방황하거나 의심하는 자가 있다면 도우소서!

이 밤에 우리가 간절히 기도하게 하소서. 우리의 영이 영들의 하나님께로 속히 돌아가도록 도우소서. 하나님은 영과 진리로 예배하는 자를 찾으시는 분이 아닙니까?
예수님의 거룩한 이름으로 구합니다. 아멘.

071 감사와 만족

오, 아버지 하나님이시여, 우리는 인류의 일원입니다. 당신은 당신의 형상대로 우리를 만드셨고, 죄가 들어왔지만 당신의 피조물을 부끄러워하지 않으셨습니다. 우리도 죄는 부끄러워하지만, 우리 자신을 부끄러워하지는 않습니다.

오, 하나님, 우리가 인간인 것을 기뻐합니다. 걸어 다니며 짖지 않고 이 땅 위에 곧게 서는 것을 즐거워합니다. 우리는 둥지를 만들어놓고 이리저리 날아다니거나 바다에서 헤엄치지 않습니다. 당신의 형상으로 창조된 인간으로서 직립하고 생각하고 기억하고 노래하고 음악을 만들고 그림을 그릴 수 있어서 기쁩니다. 또 상상의 날개를 펴고 온갖 곳을 누비며 여러 가지를 만들어냅니다.

아버지시여, 우리가 인간이어서 즐겁습니다. 또한 여자에게서 태어난 것에 대해 감사합니다. 그리고 깊은 경외심을 갖고 "우리를 거듭나게 하셔서 당신께 감사합니다!"라고 아주 겸손히 말하는 사람들이 있음을 감사합니다. 당신은 아담의 타락으로부터, 길을 잃고 비참하고 고통스런 상태로부터 우리를 속량하셨습니다. 이제 우리는 거듭났습니다. 그리고 당신을 닮기 위해 당신의 형상을 다시 받았습니다. 외형적으로가 아니라 내적으로 그렇게 되었습니다. 당신을 만날 때까지 '완성을 위한 과정'을 계속 밟아가면 결국 당신을 닮을 것이고, 당신의 이름이 우리의 이마에 있게 될 것입니다.

우리가 그리스도인이어서 감사합니다. 그러나 우리가 만족하지 못한다는 것을 고백하지 않을 수 없습니다. 우리는 원하는 만큼 선한 그리스도인이 되지 못하고 있습니다. 아직 구원받지 못한 친구들의 눈에도 보이는 결점들이 우리 안에 있습니다. 그들은 우리를 쳐다보고 조롱하며 "내가 봐도 당신의 결점이 보이는데, 당신이 저 위 하늘나라에 속한 사람이라고 말하는 것은 웃기는 일 아니오?"라고 말합니다. 주여, 그들의 말을 부정할 수 없고, 인정할 따름입니다.

지금 여기 모인 그리스도인들은 아담을 닮은 우리의 옛 육신 안에 여전히 결점과 불완전한 것이 있음을 인정합니다. 하지만 당신의 보혈과 영을 의지합니다. 온전케 변화시키고, 거룩하고 깨끗하게 하시는 성령의 불이 우리를 점점 바꿔놓아서, 결국 사람들이 아무 결점도 찾을 수 없어 "하나님이 참으로 너희 가운데 계신다"(고전 14:25)라고 고백하게 될 때까지 당신을 의지합니다.

오, 우리는 이 새로운 나라, 곧 성령의 나라에 감사합니다. 모든 수고를 끝내고 안식하는 모든 성도와 전 세계에 흩어져 있는 성도들과 성령으로 거듭나고 보혈로 씻음 받아 그리스도를 구주로, 하나님을 아버지로 부르는 성도들, 그리고 오늘 밤 이 자리에 모인 성도들에 대해 감사합니다.

어떤 이들은 여러 기준과 분류와 뚜렷한 특징에 근거하여 자신들이 오직 아담의 자손일 뿐이라고 결론을 내립니다. 그들은 당신께 속한 사람들이 아니며 당신은 그들의 아버지가 아니십니다. 그리스도께서 그들의 구주가 아니시며 천국이 그들의 본향이 아니고 영생이 그들의 운명이 아닙니다. 그들은 이것을 잘 알고 있습니다.

하나님, 그들을 위해 기도합니다. 그들이 와서 예수 그리스도를 믿고, 주님과 구주의 증거를 받아들이게 하소서. 또 그리스도의 말씀을 믿고, 도덕적으로 자신을 그분과 동일시하며, 그분과 운명공동체가 되어, 어린양을 따르게 하소서. 오, 아버지시여, 예수님을 보시고 이 기도를 들어주소서. 그분의 이름으로 허락하소서! 아멘.

072 가능한 사명

오, 거룩하신 주 예수님, 당신은 사명을 갖고 이 땅에 오셨습니다. 우리는 떨리는 마음으로 자신에게 말합니다.
"그리스도께서 불꽃 같은 눈을 가진 심판자로 오시는 것은 당연했다. 지면으로 기어 올라와 서로를 오염시키고 또 우리를 오염시키는 도덕적 해충을 죽이는 처단자로 이 땅에 오시는 것이 당연했다."

그러나 당신은 세상을 정죄하기 위해 오신 것이 아니라 당신을 통해 세상이 구원받도록 하기 위함이었습니다. 온유하신 구주여, 우리가 감사의 말 외에 무슨 다른 말을 당신께 할 수 있겠습니까? 당신이 죽음 직전에 느끼셨던 끝없는 슬픔과 동정심에 감사하기 위해 어떤 언어를 빌려올 수 있겠습니까?

주 예수님, 당신께 감사합니다. 우리는 당신에 대해 이러쿵저러쿵 논쟁하지 않을 것이며, 가설들에 대해 언쟁을 벌이지 않고, 다만 무릎을 꿇고 "나의 주, 나의 하나님!"이라고 고백할 것입니다.

모세와 선지자들이 글을 통해 예언했던 분을 우리가 드디어 찾았습니다. 그분은 마리아의 아들이며 하나님의 아들이신 예수님이십니다! 할렐루야! 당신께 감사합니다!

복음의 메시지에 반응을 보인 사람들에 대해 감사합니다. 주님, 이 기도를 마칠 때, "그리스도께서 우리 한 사람 한 사람에게 찾아오셨다"라는 흔들림 없는 진지한 확신이 마음속에 생기게 해주시기를 간절히 구합니다. 그렇게 해주실 줄 믿고 당신을 찬양합니다.

거룩하신 예수님, 우리가 당신을 기다리오니, 우리를 도우소서. 그리스도의 이름으로 구합니다. 아멘.

073 믿음의 가족

"내 영혼아 여호와를 송축하라"(시 103:1). 주님, 생명의 면류관을 쓰신 당신을 경배합니다. 당신을 예배하오니, 당신은 바람을 병거로 삼으시고, 마치 하늘의 휘장을 거할 장막처럼 펴십니다. 우리가 하나로 연합하여 당신을 경배하기 원합니다. 만물의 주인이시여, 당신의 영광이 태양과 별에서 타올라 그 빛을 발합니다. 이 아름다운 날에 당신을 찬양합니다.

우리에게 베푸신 모든 선한 은혜에 감사합니다. 우리가 맛본 모든 기쁨의 설렘에 감사합니다. 또한 우리가 겪은 온갖 장애물과 방해와 징계와 고난, 고통도 감사합니다. 전능하시고 무한한 위엄을 갖춘 아버지시여, 당신과 당신의 숭모하는 독생자 주 예수 그리스도께 감사하며, 아버지와 아들과 더불어 영광을 받으시는 성령님을 경배합니다.

당신은 빛들의 아버지이시며, 당신의 아들을 믿고 의지하는 속량 받은 가족의 하늘 아버지이십니다. 기도하오니, 이 땅의 모든 믿음의 가족들에게 복을 내리소서!

복음전파의 사역을 감당하고 있는 선교 사역자들에게 복을 주소서. 지금까지 그들을 지켜준 은혜가 앞으로도 계속 보호하실 줄 믿습니다.

오, 하나님, 자비로운 복을 내리소서. 경배에 대한 우리의 감각이 이 세상의 그 무엇보다도 더 세련되고 웅장하게 하소서. 말씀이 더욱 잘 전파되도록 도우소서. 우리나라, 대통령, 위정자들을 비롯해, 다스림의 무거운 짐을 두 어깨에 짊어진 사람들에게 복을 내리소서. 세계 역사의 이 중차대한 시기에 당신의 축복과 도우심이 절대적으로 필요합니다.

주 예수 그리스도를 통해 우리를 당신께 바칩니다. 아멘.

074 즐거운 발견

우리의 아버지 하나님, 당신을 찬양합니다. 당신이 얼마나 경이로운 분이신지를 찬양하려면, 이 밤을 다 지새워도 부족할 것입니다. 당신의 경이로움을 전부 담아낸 책이 없으며, 당신께 지고 있는 우리의 마음의 빚을 온전히 표현한 찬송가나 성가도 없습니다. 우리는 눈에 보이지 않는 실체와 본질과 존재를 향해 나아갔고, 가닿으려 몸부림쳐 왔습니다. 그런데 보소서! 바로 당신이 우리의 아버지이심을 발견하니 기쁨이 그지없습니다!

주님은 "너희는 이렇게 기도하라 하늘에 계신 우리 아버지여 이름이 거룩히 여김을 받으시오며"(마 6:9)라고 가르치셨습니다. 우리의 마음이 만물의 주인이신 당신을 발견했기에 감사합니다. 백열(白熱)을 내뿜는 당신의 보좌 앞에서 우리는 감히 우리의 영광을 구하지 않습니다.

그리스도인들이 다른 이의 도움 없이도 복음전도자와 영적 고기잡이가 되게 하소서. 예수 그리스도께서 '돌아온 영혼'을 위해 무엇을 하실 수 있는지를, 믿음 없는 가족과 친구와 이웃에게 전하기를 갈망하는 마음으로 충만하게 하소서. 그리스도의 거룩한 이름으로 구합니다. 아멘.

075 위대한 죄 씻음

하나님 아버지, 당신이 우리를 만드셨으니, 우리가 이 세상에 태어난 것을 기뻐합니다. 산고를 겪으면서도 어머니들이 우리를 낳은 것을 기뻐합니다. 우리가 해 뜨는 것을 보고 즐거워하며, 말하고 보고 듣기를 배운 것을 즐거워합니다.

오, 하나님, 우리가 살아있음을 즐거워합니다. 지렁이나 곤충이 아니라 인간인 것이 기쁩니다. 당신이 우리를 당신의 형상대로 만드셔서 기쁩니다. 오, 우리는 이 모든 것에 즐거워합니다!

아버지시여, 우리는 죄를 범했고, 고통당했고, 당신을 실망시켰고, 친구들을 낙담시켰습니다. 스스로를 실망시키고 이리저리 뒹굴었으며, 멀리 내려다보니 우리가 여러 해 동안 방랑했던 것이 생각납니다. 그 긴 방랑의 세월에 우리는 종종 의심과 두려움의 영에 시달렸습니다. 이 모든 게 사실입니다. 하지만 그분의 보혈로 속량 받았기에 감사합니다.

지극히 소중하고 지극히 선하신 아버지께서 우리를 사랑하셨고, 지금도 사랑하시기에 감사합니다. 아버지께서는 이 부패한 세상에서 우리를 건져주셨습니다. 주여, 속량해주셔서 감사하고 또 감사합니다. 아버지시여, 기도를 부탁한 이들을 위해 기도합니다. 촛불을 손에 들고 찾듯이 그들을 밝히 찾아주소서.

그들이 잠들기 전에 그들의 마음속에 있는 의심이, 큰 파도에 씻겨나가는 바위의 더러운 것과 성난 바람에 씻겨나가는 낙엽처럼 씻겨나가게 하소서. 그들을 방해하는 것은 무엇이든지 철저히 씻겨나가게 하소서. 그들을 짓누르는 무거운 짐을 벗겨주시고, 저 하늘의 예루살렘의 자력이 새로운 탄생을 통해 그들의 마음에 심기게 하소서.

크신 하나님이시여, 기도하오니, 그들이 일하고 먹고 자고 마시고 목욕하고 대화하고 신문을 읽는 일상생활에만 정신이 팔리지 않게 하시고, 대신 전례 없는 절박함과 열정으로 당신의 얼굴을 구하게 하소서. 그들을 잘못된 습관에서 구하소서.

그들을 자세히 살피시고, 성령의 불로 그 마음을 깨끗게 하소서. 주의 보혈로 그들의 영혼을 덮어 구원하소서. 그리하시면, 살든지 죽든지 그들은 저 위 하늘에 속한 사람이므로, 죽으면 편히 아름답게 안식할 자리가 그곳에 있는 줄 알게 될 것입니다.

하나님이시여, 이 밤에 아래로 내려오는 자력으로 변화를 일으킬 수 있다는 깨달음이, 그들 모두의 정직한 마음 깊은 곳에 생기게 하소서. 주님, 더 늦어지면 안 됩니다. 우리는 기다릴 여유가 없습니다. 이제 그들을 당신께 맡깁니다!

주여, 당신이 우리에게 무언가를 주겠다고 하실 때, 우리가 그것을 마땅히 받아야 함을 믿는 권리가 우리에게 있습니다. 우리에게 복을 내리소서. 우리가 작은 무리를 이루어 기도할 때 임하셔서 '믿음과 기도'의 은사를 주소서. 그리하시면 우리가 믿음의 기도를 드릴 수 있을 것입니다. 아멘.

076　하늘의 노래

　오, 하나님, 이 땅에 속하지 않은 하늘의 노래가 있어서 감사합니다. 이는 세상의 싸구려 노래도 아니고 고급스런 클래식 음악도 아닙니다. 이 노래에는 또 하나의 음성이 있습니다. 그 음성은 짐승들과 장로들과 생물들과 속량 받은 자들과 조화를 이룹니다. 속량 받은 자들은 손에 종려 가지를 들고 바다에 서서, 그들을 사랑하시어 자신의 피로 정결함을 주신 분에 대해 함께 노래합니다. 이 아름다운 노래를 들을 수 있고, 장래의 일이 어떻게 될지를 조금은 알게 되어 기쁩니다. 그리스도인의 모임과 이곳에 모인 무리에 대해 당신께 감사합니다.
　하나님이시여, 우리가 온전히 깨어서 겸손한 마음으로 기도하오니, 우리가 목회자나 다른 사람의 음성이 아니라 오직 성령의 음성을 듣게 하소서. 오, 주 예수님, 말씀하시고 자비를 내리소서. 시끄럽고 불안하며 소음과 두려움과 정욕과 속임과 거짓말과 귀신 들림이 있는 이 도시를 불쌍히 여기소서.
　오, 하나님, 이 악(惡)의 집합소에 자비를 베푸소서. 바알에게 무릎을 꿇지 않고 우상에게 입 맞추지 않을 사람들이 이 도시에 있으므로 감사합니다. 말뿐이 아니라 능력이 임하도록 은혜를 베푸소서. 그리스도의 이름으로 구합니다. 아멘.

077　빛에 대한 감사

아버지시여, 우리 위에 빛이 있음에 감사합니다. 살찌고 윤기가 흐르니 아무 문제가 없다는 착각에 빠져있다가, 도살의 날에 어디로 가는지조차 모르는 채 끌려가는 소 떼처럼 되지 않도록 우리에게 무한한 자비를 베푸셨으니 감사합니다.

주님, 우리가 빛 안에서 걸어가도록 도우소서. 한 사람, 한 사람에게 복을 내리소서. 온갖 거짓 소망과 모든 비성경적 기대를 버리게 하시고, 다시 주님의 말씀으로 이끌어주소서.

크신 하나님이시여, 우리나라에 자비를 베푸소서. 기도하오니, 신들이 수십 개가 되는, 아니 적어도 십여 개가 되는 이 나라를 불쌍히 여기소서. 우리가 우상들에게서 돌이켜 당신을 섬기고, 하늘로부터 임하실 당신의 아들을 기다리게 하소서.
우리 주 예수 그리스도의 이름으로 구합니다. 아멘.

078 영원으로 가는 여행

　오, 아버지시여, 오늘 밤 누군가가 구원을 받는다면, 그것은 인간의 자격 때문이 아니라 당신의 선하심 때문입니다. 당신이 먼저 우리의 구원에 대해 생각하셨습니다. 우리가 귀를 기울이기 전에 당신이 먼저 우리를 부르셨습니다. 오, 당신께 감사합니다! 우리가 가진 것은 모두 당신께 받은 것입니다. 받지 않은 것을 가진 사람은 한 사람도 없습니다.

　당신의 음성을 듣기 전에 우리는 지극히 가난하여, 집도 직업도 없이 구걸하며 떠도는 자들이었습니다. 그런데 그때 예수님의 음성을 들었습니다.
　"내게 와서 쉬어라! 나는 이 어두운 세상의 빛이다. 내게 오라. 네 아침이 찾아올 것이며, 네 하루가 종일 밝을 것이다."

　오, 주여, 감사합니다! 우리가 거룩하신 예수님의 음성을 듣게 해주시니 감사합니다. 그러나 안타깝게도, 어떤 형제는 선하고 친절하고 친근한 신사 같은 그 음성을 듣지 못했습니다. 아직 듣지 못하고 있습니다.

나의 하나님, 우리에게 있는 것이 무엇입니까? 누가 이런 것들을 받을 자격이 있습니까? 선하신 당신께서 우리를 위해 이 놀라운 일들을 행하셨습니다. 주님, 이 시간 성령님의 이끄심을 느끼는 사람들을 위해 기도합니다. 복음의 메시지를 듣고 예수 그리스도를 의지하는 순간이 올 때까지 그들이 졸음에 빠지지 않게 하소서. 그리스도를 의지하는 자들을 거부하지 마시고 받아들여 주소서. 우리를 도와주소서.

오, 하나님, 우리가 교회로 데려오길 원하는 지인들이 있습니다. 그들의 손을 잡고 교회 안으로 데리고 들어오고 싶지만, 교회에 오는 건 단지 발이 하는 일이 아니기에 손을 잡아끈다고 해서 그들이 올 수 있는 건 아닙니다.

교회에 오는 건 마음의 문제이며, 오직 성령님만이 마음을 이끌어주실 수 있습니다. 그들의 마음을 이끄소서. 피로 물든 십자가까지, 갈보리 언덕의 기슭까지, 죄인이 첫발을 내디뎌야 하는 곳까지, 영생이 발견되는 곳까지, 그리스도께서 다시 살아나신 열린 무덤까지 인도하소서. 바로 그곳에서, 그리스도께서는 하나님이 그분에게 주신 모든 사람에게 영생을 주셨습니다.

주님, 집으로 돌아가는 길을 지켜주소서. 죽지 않는 한, 우리는 이 길고 힘든 한 주를 또 살아내야 합니다. 차가운 한 주 동안 공장, 상점, 사무실 등 우리가 발을 디디는 곳은 험하기 짝이 없을 것입니다. 어쩌면 젊은이들의 죄악, 무차별적 범죄와 같은 악한 소식들이 들려오고, 마음을 흔들어놓는 사고 소식이 들릴지도 모릅니다.

오, 기도하오니, 우리가 믿음의 날개를 타고 이 모든 것들 위로 날아올라, 당신의 마음 깊숙한 곳에, 넓게 들어가 살게 하소서. 그리하시면 우리가 여기 아래에 있음을 의식하기보다, 오직 우리가 당신의 것이며 당신이 우리의 아버지시라는 사실만을 생각할 것입니다.

당신이 우리의 기도를 들으셨음을 믿습니다. 기도를 부탁한 이들을 당신의 손에 맡겨드립니다. "서로 기도하라"(약 5:16)라고 성경에 기록되어 있지 않습니까? 우리의 기도를 예수 그리스도께서 듣고 계시다고 확신합니다. 아멘.

079   우리의 참된 입장

계시와 격려와 조명하심에 지극히 능하신 아버지시여, 그리스도인과 성자 예수님 사이에 맺어진 관계에 대해 감사합니다. 우리가 그리스도와 연합하여 믿음으로 그분의 몸의 일부가 되었기에 우리에 대한 세상의 소유권 주장은 공허할 뿐입니다.

모든 육체가 이 자명한 사실을 큰 목소리로 부인할지라도 결코 변할 수 없음에 감사합니다. 그리스도 예수 안에서 우리의 진정한 신분은 하늘에 속하며, 그곳에서 당신은 우리에게 모든 영적인 복을 주셨습니다.

기도하오니, 우리가 이 진리를 담대히 믿을 수 있도록 도우소서. 세상이 줄 수 있는 것들은 심장마비나 운전 중 1초의 판단 실수나 그 밖의 문제들로 한순간에 다 날아갈 수 있음을 깨닫게 하시고, 이 땅의 것의 유혹을 떨쳐버리게 하소서.

오, 하나님, 당신은 영원히 변치 않으시고, 우리는 언제까지나 당신의 것입니다. 저 위 하늘에 쌓아놓은 것들은 영원히 거기 있을 것이며, 우리는 당신 앞에서 이기심 없이 평안과 거룩함 가운데 그것들을 즐길 것입니다. 이 깨달음대로 살도록 도우소서.

기도하오니, 우리의 마음을 소생시키셔서, 얽어매는 작은 줄들을 벗어던지게 하소서. 그중 하나는 우리가 끊어버릴 수 있습니다. 두 개나 열 개까지도 가능합니다. 그러나 여러 개가 서로 엮여서 튼튼한 밧줄이 되면, 당신의 사람을 단단히 얽어맵니다. 이 작은 것들의 속박에서 우리를 건져주소서.

우리에게 얹으신 당신의 손을 거두지 마소서. 우리를 들어 올리셔서, 모든 일에 당신께 순종하게 하소서. 세상 곳곳에서 일어나는 당신의 일에 복을 더하소서. 아픈 자를 살피시고, 당신의 종을 기억하시어, 당신의 뜻이 그의 삶 속에 이뤄지게 하소서.

학교에 다니거나 군에 복무 중인 젊은이들을 도우소서. 그들에게 은혜가 항상 따라다니게 하소서. 교회와 기도와 노래와 예배가 그들의 가슴에 늘 남아있게 하소서. 당신의 손이 우리 위에 계속 머물길 원합니다. 예수님의 거룩한 이름으로 구합니다. 아멘.

중보기도

9장

Approaching the Almighty :
100 Prayers *of* A. W. Tozer

눈에 보이지 않는 기도의 향기

기도는 우주에서 가장 강력한 힘일 뿐만 아니라, 하나님의 자녀들이 사용할 수 있는 무기입니다. 기도는 늙은 사람을 젊게 만들어주고, 젊은이를 그들의 나이에 비해 아주 지혜롭게 해줍니다. 나는 기도하지 않는 75세인 사람보다 기도하는 25세인 사람의 지혜를 더 신뢰합니다. 왜냐하면 '먼저' 하나님께 귀를 기울이지 않는 사람에게 귀를 기울여서는 안 된다고 믿기 때문입니다. 기도하지 않는 노인보다 기도하는 젊은이에게 더 큰 지혜가 있는 법입니다.

그런데 노인이 기도한다면, 젊은이의 행복감을 맛보거나 젊은이처럼 유익한 존재가 될 것입니다. 기도하는 사람은 내면이 젊은 사람일까요? 단정 지을 수는 없지만, 분명한 건 기도하는 사람은 젊게 살고, 기도하는 젊은이는 노인처럼 경험과 지식이 풍부해진다는 것입니다. 역경은 기도 앞에서 그 힘을 잃고, 가난한 사람은 기도로써 부유해집니다.

또한 기도는 임종의 시간을 편안하게 해줍니다. 우리는 가까운

미래에 세상을 떠날 수도 있습니다. 어떻게 하면 잘 죽을 수 있을까요? 기도 생활을 잘한 만큼 잘 죽을 수 있습니다! 기도한 것보다 더 잘 죽을 수도, 더 나쁘게 죽을 수도 없습니다. 우리는 기도로써 임종의 침상을 편하게 할 수 있습니다.

기도를 조금만 하며 부주의하게 살아온 사람이 절체절명의 임종을 맞는다고 상상해봅시다. 그가 평생 쌓아왔어야 했던 것을 그 짧은 시간에 해결하려 한다면, 얼마나 끔찍한 일입니까!

감사하게도, 기도에는 죽은 성도들을 살려내어 계속 말하게 하는 능력이 있습니다. 존 밀턴은 수줍음을 타며 사막의 공기 속으로 향기를 낭비하는 투명한 꽃들에 대해 글을 썼습니다. 그리고 대양의 깊은 해저에 있는 보석에 대해서도 말했습니다. 나는 사막의 공기 속으로 향기를 낭비하는 투명한 꽃이 되어야만 하는 하나님의 자녀는 한 명도 없다고 생각합니다.

기도하는 성도는 죽지 않습니다. 그는 기도 속에서 계속 살아있으며, 죽은 후 오랜 세월이 지나도 하나님의 능력이 그의 기도를 통해 이런저런 곳으로 임하기 때문입니다.

친구들이여, 내 말을 들어보십시오. 전능하신 하나님께서 우리가 행정적 일을 잘 처리해서 오늘날 우리나라에 복을 주신다고 생각합니까? 우리가 한 정당을 쫓아내고 다른 정당을 불러들이면, 복을 더 주실까요? 그렇지 않습니다! 백악관이나 상원에 있는 어떤 사람 때문에 하나님이 이 나라에 복을 주시는 게 아닙니다. 이는 과거에 기도하고 사랑하고 희생하고 고난당하고 죽은 이들이 누워있는 거룩한 무덤들로부터 나선형을 그리며 위로 올라가 하나님의 우편에 도달한 '기도의 향기' 때문입니다!

  이 향기는 죽음을 피할 수 없는 인간의 눈에는 보이지 않지만, 하나님의 눈에는 분명히 보입니다. 그들이 기도했을 때 하나님은 그 기도를 작은 병에 담으셨고, 그들은 죽어서 어두운 무덤에 누웠지만, 그들의 기도는 하나님께 올라갔습니다. 거룩한 기도가 눈에 보이지 않는 나선형을 그리며, 마치 제단에서 올라가는 향기처럼 하나님께로 올라간 것입니다!

080 완성된 속량

오, 주님, 우리를 구원하기 위해 대신 형벌을 받으신 분의 이름으로 기도를 올려드립니다. 우리는 찬송가 가사처럼 구주의 상처 안에 숨고, 그분의 십자가 그늘 아래로 들어가고, 그분의 상한 허리 속을 피난처로 삼습니다.

주님, 하나님 앞으로 가는 길이 뚜렷이 표시되어 있어서 감사합니다. 아무리 바보 같은 사람이 그 길로 간다 해도 거기서 벗어날 수 없으니, 이는 안내가 아주 잘되어 있기 때문입니다. 거룩한 피가 뿌려진 붉은 기둥들은 모두 한 방향을 가리키고 있으며, 그 피는 부정한 자에게 뿌려졌던 "염소와 황소의 피와 및 암송아지의 재"(히 9:13)보다 더 귀합니다.

주여, 당신의 거룩한 아들의 피로써 충분하니 감사합니다. 우리는 다른 것을 더 구하지 않습니다. 불완전한 속량을 완전하게 해달라고 기도하지도 않습니다. 더 이상 개선할 필요가 없는 '완성된 속량'에 감사할 뿐입니다! 아버지시여, 우리 공동체 안에 물질적 어려움을 겪는 사람들이 있으니, 그들을 위해 구합니다. 그리고 출타 중인 사람이 많사오니, 그들 모두가 어디서든 교회로 향하게 하소서. 그리스도인답게 행동하며, 사람들의 나라가 아닌 하나님나라에 속한 자로서 살아가게 하소서.

병든 자를 위해 기도합니다. 속히 치유되어 건강을 회복하게 하소서. 우리의 형제들이 아주 건강한 몸으로 돌아오게 하시고, 우리 자매들의 몸에서 회복의 역사가 일어나게 하소서. 합심하여 기도하오니, 그들을 지켜주소서.

그들의 병상 옆에 서시고 잠자리를 정돈해주소서. 그들의 모든 고통에 동참해주시고, 궁핍 중에 있는 이들을 자상하게 위로해주소서. 이 세상의 고민하는 사람들, 궁핍한 사람들, 피 흘리는 사람들, 고단한 사람들, 아픈 사람들, 낙심한 사람들과 오늘 함께하소서.

나의 하나님이시여, 밖에서 들려오는 소식들이 우리를 낙심과 절망에 빠뜨릴 수도 있습니다. 그러나 당신이 "담대하라 내가 세상을 이기었노라"(요 16:33)라고 말씀하셨으므로, 우리는 담대합니다. 온 땅에 짙은 어둠이 내리던 밤에 이스라엘 민족이 그랬던 것처럼 우리는 소망으로 충만합니다. 그 어두운 밤에 유대인의 모든 집에는 빛이 있어서 그들이 노래하며 그 빛을 기뻐했으니, 곧 '기적의 빛'이었습니다.

오, 하나님, 속량 받은 자의 집과 살아계신 하나님의 교회에는 빛이 있으니, 우리는 두려워하거나 근심하지 않습니다. 미래가 어떻게 펼쳐질지는 자세히 알지 못하지만, 한 가지 확실히 아는 것이 있으니, 이 세상의 나라들이 끝날 때 우리가 하나님과 그리스도의 나라가 되고, 그분이 땅 위에서 다스리시며, 그 나라가 당신의 손안에 있게 될 것입니다. 나의 하나님, 그렇게 이루어지기를 소망합니다!

우리는 사람들의 행위에 대해 책임지기를 원치 않사오니, 어떤 이유로든 조금도 책임 추궁을 당하지 않을 것입니다. 다만 그들의 행위를 당신의 손에 맡겨드리니, 당신의 처분은 합당할 것입니다. 주권적 하나님이시니, 전부 드러내실 것입니다. 당신의 모든 행하심은 옳습니다.

우리가 당신을 예배하는 자답게 외적으로나 내적으로 아름답게 행하도록 은혜를 내려주소서. 그리스도의 이름으로 구합니다. 아멘.

081 교회를 위한 중보기도

오, 하나님의 아들이시여, 지극히 거룩하신 어린양이시여, 당신의 종이 여기 모였습니다. 우리가 유일한 교회가 아니고 다른 교회들도 많이 있음에 감사합니다.

주님, '기독교선교연합'(토저가 소속되었던 교단)과 지옥 사이에서 선택할 필요가 없으니 감사합니다. 우리 교단에서 선포되는 진리와 같이 참되고 놀라운 진리를 선포하는 교회들이 이 대륙과 이 도시에 무수히 많습니다. 하늘과 땅의 주인이신 아버지여, 모든 선한 교회와 훌륭한 설교자와 충성스런 하나님의 사람들에 대해 감사하며 찬양합니다.

그러나 좁은 길을 가려고 하지 않는 사람들을 모아 살찌고 그 몸집만 키우는 교회도 있습니다. 하지만 이런 겁쟁이들의 피난처를 불쌍히 여기시어 벌하지 마소서. 하나님의 군대에서 도망친 불명예스런 탈영병들에 의해 유지되고, 겁쟁이들의 돈을 받는, 화려하게 장식된 대형 건물일지라도 불쌍히 여겨 파괴하지 마소서. 이런 교회에게 자비를 베푸소서!

주여, 교파와 상관없이 복음을 전하는 모든 교회에게 복을 주소서. 오늘 밤 서서 복음을 전하는 모든 사람을 도와주소서. 어떤 이들은 가운을 입고 설교단에 서서 복음을 전합니다. 어떤 찬양대는 가운을 입고 속량의 놀라움을 노래할 것입니다. 당신의 이름만이 찬양받게 하소서. 당신은 외모를 보시지 않고 마음을 보십니다.

우리가 지성소에 들어가 당신과 함께 있을 수 있는 길을 발견했으니, 그것은 보혈을 통해 휘장을 지나 이르는 것입니다. 당신의 이름이 찬양과 경배를 받으소서!

주님, 어려움을 겪고 낙심하여 믿음의 길을 포기할까 고민하며 "믿음이 무슨 소용이 있는가?"라고 말하는 사람을 위해 기도합니다. 그는 유혹을 받았거나 이미 유혹에 넘어가 타락한 사람일 수도 있습니다.

크신 하나님이시여, 이 밤에 당신의 양 떼에게 자비를 베푸소서! 두들겨 맞아 멍든 양 떼를 불쌍히 여기소서! 사단과 늑대와 곰들이 당신의 양 떼를 잡으려고 쫓아다닙니다. 그들의 턱에서는 침이 질질 흐르고, 눈은 날카롭게 주시하고, 발톱이 달린 부드러운 발은 소리 나지 않게 살살 걸으며 때를 기다립니다.

이 밤에 당신의 양 떼를 구하소서. 당신의 구원의 진리를 영광스럽게 하소서. 당신에게로 오는 것밖에는 구원의 길이 없다는 것을 분명히 보여주소서. 당신이 살아계신 하나님의 아들, 그리스도이심을 보여주소서. 우리에게 찾아와 우리의 마음뿐만 아니라 발걸음까지도 당신께 향하도록 하시는 그리스도이심을 보여주소서. 아버지시여, 예수 그리스도를 통해 당신을 바라보오니, 우리를 도우소서! 아멘.

082 하나님의 가르침

아버지시여, 당신의 아들이 말씀하셨습니다.

"그들은 아버지의 것이었는데 내게 주셨으며"(요 17:6).

"내가 그들에게 영생을 주노니 영원히 멸망하지 아니할 것이요"(요 10:28).

"선지자의 글에 그들이 다 하나님의 가르치심을 받으리라 기록되었은즉 아버지께 듣고 배운 사람마다 내게로 오느니라"(요 6:45).

"아버지께서 내게 주시는 자는 다 내게로 올 것이요 내게 오는 자는 내가 결코 내쫓지 아니하리라"(요 6:37).

주여, 우리에게 기도를 부탁한 이들을 위해 기도합니다. 제가 아니라 바로 당신이 이 친구들을 초대하고 계십니다. 간구하오니, 그들의 마음속 깊은 곳에서 계속 일해주소서. 사단은 온갖 덫에 미끼를 넣었고, 데드폴(deadfall, 무거운 것을 떨어뜨려 짐승을 잡는 덫)과 웅덩이까지 준비해놓았습니다. 이것들은 전부 조심성 없는 죄인들을 잡으려고 준비된 것입니다.

주 예수님, 당신은 잃어버린 자를 구원하려고 오셨습니다. 기도하오니, 이들이 당신과 당신의 구원의 은혜와 지식을 알게 하소서. 우리는 구원의 지식을 알게 된 것을 결코 후회하지 않습니다. 그것을 후회한 사람은 이제까지 아무도 없었고, 앞으로도 없을 것입니다. 왜냐하면 얼마든지 정당화될 수 있는 지혜로운 선택이기 때문입니다.

당신은 완전한 구주이십니다. 당신의 손이 우리 위에 계속 머물게 하소서. 이들이 믿음을 갖고, 조용하고 온전한 신뢰의 장소로 들어가 당신을 기쁘게 해드리게 하소서. 오늘 우리가 구한 것이 예수님의 이름으로 이루어지도록 허락하소서. 아멘.

083 돌이킨 마음

오, 주여, 당신은 생명과 불멸을 복음을 빛 가운데 드러내셨습니다. 그리스도인의 묘지에 촛불을 두셨으며, 넓은 바다에 떠 있는 그리스도인의 시신을 거룩하게 하셨습니다. 과거에는 성령님의 성전이었으나 이제는 땅속에 묻힌 그리스도인들의 뼛조각 하나하나를 거룩하게 하셨습니다.

크신 하나님이시여, 당신은 미래의 어둠을 제거하시고, 그 자리에 '천 개의 태양'을 두셨습니다. 지극히 쓰라린 고통을 참을 만한 것으로 바꿔주셔서 감사합니다. 자신의 삶을 '내세를 위해 준비하는 학교'로 해석한 믿음의 조상들이 그들의 날을 세어보았듯이, 우리도 우리의 날을 세어보도록 가르쳐주셨습니다.

오늘 밤 잃어버린 자들을 위해 기도합니다. 그들의 마음이 당신께로, 성경으로, 십자가로, 보혈로, 구주로 향하게 하소서. 오, 하나님, 우리의 어린아이들을 불쌍히 여기소서! 이 무섭고 끔찍한 시대에, 우리는 그들이 소아마비로 죽지 않도록 백신을 개발하여 살려놓았지만, 그들에게 가르치는 것은 바보가 되어 바보처럼 살다가 바보처럼 죽으라는 것뿐입니다!

나의 하나님, 모든 것이 얼마나 혼란에 빠져있습니까? 우리는 질병을 하나하나 극복해서 기대 수명을 끌어올렸지만, 그렇게 늘려놓은 이 땅의 날들을 낭비하고 있습니다. 용서하소서! 우리는 어리석어서 당신 앞에서 짐승 같습니다. 그러니 우리가 당신을 자기의 하나님으로 알고, 당신의 아들 예수님을 자기의 구주로 믿고 살아가게 하소서.

불멸이 본질적으로 영원한 생명과 영원한 실재(實在)로 자기에게 다가왔다는 것을 깨닫지 못하는 사람이 하나도 없게 하소서. 그리스도께서 하나님 우편에 앉아 계시므로, 우리가 날개를 펴고 솟아올라 하나님의 일들에 푹 빠질 수 있음을 깨닫게 하소서.

오, 나의 하나님, 우리 중 누구도 잃어버린 자가 되지 않도록 도우소서. 젊은이들을 부조리한 것과 어리석음과 쓸데없는 잡담에서 구하시고, 마귀의 지혜로 만들어진 파멸의 덫과 속임수에서 건지소서. 그리고 그들 자신의 정욕에서 건지소서. 우쭐해져 무모함에 빠지지 않게 하시고, 무지의 웅덩이에서 건지소서.

크신 하나님이시여, 우리의 젊은이들을 구하소서. 그 수가 많아지게 하셔서, 그들이 길거리로 나가 다른 젊은이들을 교회 안으로 끌어당기는 자석이 되게 하소서. 어쩌면 길거리의 젊은이들은 교회의 젊은이들이 성장하기를 유치원 때부터 기다렸을지도 모릅니다. 만일 길거리의 젊은이들이 교회로 들어온다면, 교회의 젊은이들의 표정이 왜 그토록 밝은지를 알게 될 것입니다.

나의 아버지시여, 복음의 메시지가 전파되게 하소서. 이 시간에 설교를 끝내고 사람들을 설교단 앞으로 불러내고 있을지도 모르는 모든 설교자에게 복을 주시기를 기도합니다. 오늘 밤 사단은 크게 패하고 하나님의 나라는 큰 승리를 거두게 하소서. 당신을 바라보고 있는 지금, 그리스도의 이름으로 도우소서. 아멘.

084   죄에서 깨끗하게 되다

오, 주 예수님, 당신은 작은 열매들이 있다는 것을 아십니다. 아직은 그렇게 크지 않고, 포도가 많이 열리지도 않았을 것입니다. 그러나 분명히 열매가 있습니다. 그것은 우리가 생명에 의해 포도나무에 붙어있는 가지임을 확신시켜 주는 복된 것입니다. 당신이 가지들 사이를 다니며 부르시는 노래가 우리의 귀에 들립니다.

주님, 오늘 밤 회중 가운데 있다가 여기 설교단 앞으로 나온 사람들이 있습니다. 물론 앞으로 나오지 않은 사람들을 비난하거나 욕하지 않습니다. 그들의 마음은 그들 자신이 잘 압니다. 우리는 그들을 당신께 맡깁니다. 적어도 그중 일부는 이미 당신 앞에서 마음을 정하고 당신과 언약을 맺었을 것입니다.

이 시간에 앞으로 나와 서있는 사람들을 위해 기도하오니, 그들이 가야 할 길로 가도록 한 사람 한 사람의 손을 잡아 이끌어 주소서. 그들을 온갖 죄악의 찌꺼기에서 구하소서. 나사로가 무덤에서 나올 때 그의 몸에 붙어있던 누더기처럼(요 11:44), 그들에게 덕지덕지 붙어있는 낡은 죄악의 누더기를 모두 버리게 하소서. 당신은 나사로에게 "풀어놓아 다니게 하라"(요 11:44)라고 말씀하셨고, 사람들은 나사로의 누더기를 벗겨주어야 했습니다.

오, 기도하오니, 당신의 사람들의 누더기를 벗겨주소서! 수의(壽衣)와 외형적 틀을 벗겨주시고, 죄악의 삶에 속한 모든 것을 제거해주소서. 하나씩 하나씩 깨끗하게 하시고, 정화하시며, 잘라내주소서. 그 과정에서 피가 나고 아프며 슬플 수 있지만, 그래도 다른 선택을 하지 않을 것입니다.

우리는 편해지기보다 거룩해지기를 원합니다. 그러므로 이 자녀들이 열매를 많이 맺어 아버지와 포도나무이신 주 예수 그리스도에게 영광을 돌릴 수 있도록 이끌어주소서. 열매를 많이 맺어야 한다는 것을 잊지 않게 하소서. 그들이 당신 앞에서 서약하고 서서 기다리는 이 순간을 거룩하게 하소서. 아멘.

085   원수를 멸하라

오, 그리스도시여, 당신은 우리가 당신 안에 거해야 한다고 말씀하셨고, 또 우리가 당신 안에 거함을 어떻게 알 수 있는지 말씀해주셨습니다. 당신의 가르침에 의하면, 당신 안에 거하는 방법은 당신의 말씀을 따라 당신처럼 사랑하고 당신의 계명을 지키는 것입니다. 당신의 멍에는 가벼우니, 이는 쉬운 일입니다.

주여, 만일 사단이 당신의 양 떼를 공격하고, 육신과 협력하여 자국이 남도록 상하게 하고, 포도나무의 가지들이 피를 흘리게 했다면 우리를 돌아보소서. 그리고 우리에게 속한 것을 온전하게 해주시기를 간구합니다.

그리스도인이 아니면서도 그렇다고 착각하는 사람을 위해 기도합니다. 그리스도를 보시고 우리의 기도를 들으시어, 우리를 속이는 거짓 한계를 깨뜨려 주시고, 우리의 핵심적인 문제들을 해결해주소서. 당신의 복과 은혜가 성령님에 의해 적극적으로 임하고, 또 사람들의 마음속에서 일해주시기를 기도합니다.

주여, "나를 위해 기도해주세요"라고 말하는 갈급한 사람들을 위해 기도합니다. 간구하오니, 그들 앞에서 원수를 멸하시고, 그들의 면전에서 적들을 무력화하소서.

모래톱 위에 서있는 그들이 당신의 은혜의 바다 위에 둥둥 뜨도록 홍수처럼 임하소서. 그들 안에 계신 거룩하신 성령님께서 싸우시고 일하시고 승리하셔서, 그들의 쇠사슬을 끊고 수면 위로 끌어올리소서. 그리하시면 그들이 별들로 가득한 저 넓은 하늘 아래에서 자유롭게 되어 아버지의 뜻을 행할 것입니다.

주 하나님, 우리의 외모는 모두 다르지만, 우리의 마음은 하나입니다. 이들이 포도나무에 붙어있는 가지가 되고, 주 예수님의 친구가 되기를 원합니다. 지극히 높으신 분의 자녀이자, 그분의 초장의 양 떼이기를 바랍니다. 그분의 사랑을 받는 아들딸이자, 그분의 군사이기를 바랍니다.

크신 하나님, 그들을 향한 당신의 온전하고, 강력하고, 생명력 있는 풍성한 목적을 즉시 이뤄주소서! 당신의 은혜가 우리 위에 임하게 하소서. 아버지의 선하신 은혜가 우리의 것이 되었고, 또 이 충성스런 그리스도인들이 있는 것에 감사합니다.

이들이 계속해서 자신에게는 엄격하고 단호하며, 다른 이에게는 사랑과 친절을 보이게 하소서.

주여, 인자하심을 보이소서. 당신과 당신의 아들 예수님의 이름으로 구합니다. 아멘.

성실한 전진

주 예수님, "태초에 말씀이 계시니라 이 말씀이 하나님과 함께 계셨으니 이 말씀은 곧 하나님이시니라 그가 태초에 하나님과 함께 계셨고"(요 1:1,2)라는 말씀이 있습니다.

우리가 당신께 나아가는 것이 태초로 돌아가는 것이기에 감사합니다. 우리는 바울과 모세와 아브라함과 아담을 지나 태초까지 거슬러 올라가 "각 사람에게 비추는 빛"(요 1:9)을 봅니다. 당신 안에서 아버지를 보고, 당신을 통해 아버지를 압니다.

아버지시여, 기도를 부탁한 사람들을 위해 기도합니다. 예수님의 이름으로 기도하오니, 이들을 데리고 가셔서 깊고 푸른 초장으로 인도해주소서. 그 길이 거칠고 힘들고, 고통과 징계의 길일지라도 그들을 인도하고 또 인도해주소서. 그리하시면 결국 모든 것이 그들 뒤에 있게 될 것입니다. 그들도 과거와 현재의 자신, 그들이 자랑스러워하고 부끄러워하는 것, 과거의 승리와 패배와 실수를 뒤에 둘 것입니다.

당신이 계속 이끌어주셔서, 그들이 뒤를 돌아보지 않고 앞을 보며 당신의 얼굴을 구하게 하소서. 아버지시여, 우리가 이런 것을 얘기하면, 누군가는 삼키는 캡슐이나 암기하는 내용이나 작은 요령을 얻게 될 거라고 기대하며 이곳을 찾을 것입니다. 그러나 그와 같은 태도로 접근하는 것은 당신의 방법이 아닙니다. 그리스도 예수 안에서 당신을 아는 일에 힘쓰고, 믿음과 겸손과 기도와 신뢰와 확신과 순종의 길을 걷고, 산의 정상을 향해 열심히 전진하여, 안개에서 벗어나 결국 햇빛까지 나아가는 것이 당신의 방법입니다.

오소서! 하늘로부터 임하는 비둘기 같은 성령이시여! 소생케 하는 당신의 모든 능력으로 임하소서. 기도하오니, 오셔서 구주의 사랑을 널리 뿌려주시면, 우리의 사랑도 되살아날 것입니다. 주여, 기도를 부탁하지 않은 사람을 위해서도 기도합니다. 그들은 기도 부탁을 했어야 했던 사람들입니다. 어쩌면 그들은 이 밤에 구원을 얻지 못했을 수도 있습니다.

그리고 이 시간, 모든 교회를 위해 기도하오니, 그물마다 물고기들이 있게 하시고, 목자가 잃어버린 양들을 찾게 하시고, 아버지가 아들의 귀향을 보게 하시고, 모든 교회에 승리가 있게 하소서. 당신을 찬양합니다. 우리 주 예수 그리스도를 통해 구합니다. 아멘.

087 영광 받을 그릇들

오, 예수 그리스도시여, 젊은이들을 위해 기도합니다. 하나님, 그들의 영혼의 렌즈를 깨끗이 닦아주시어, 당신의 빛이 잘 통과하게 하소서. 그들이 정욕과 더러운 것과 죄악을 미워하도록 도우소서. 기도하오니, 당신의 아들 예수님처럼 그들을 도와주소서. 그들이 예수님처럼 되게 하소서.

"주께서 의를 사랑하시고 불법을 미워하셨으니 그러므로 하나님 곧 주의 하나님이 즐거움의 기름을 주께 부어 주를 동류들보다 뛰어나게 하셨도다"(히 1:9).

오, 당신께 구하오니, 이 친구들이 180도 바뀌어 거룩한 것을 사랑하고 악한 것을 미워하며, 온유하고 겸손하고 순종적이고 기꺼이 배우려는 사람으로 변하게 하소서. 그들이 장차 당신의 영광을 보게 될 그릇이 되도록, 당신의 손안에서 부드러운 진흙으로 만드소서. 그리스도를 보시고, 이 일을 허락하소서. 아멘.

088　　　　　　　　　하나님의 인도하심

오, 주 예수님, 오늘 밤 우리는 당신에 대해 우리의 마음으로 노래했습니다. 당신이 어떤 분이신지를 당신께 말씀드렸으니, 당신은 능력의 주님이시요, 왕 중의 왕이시요, 육신이 되어 우리 가운데 거하시는 하나님이십니다.

우리의 여호수아(Joshua)시여, 우리를 인도하소서. 당신은 우리를 애굽의 속박에서 이끌어내셨습니다. 우리는 성령으로 거듭난 아버지의 자녀입니다. 그러나 당신도 아시듯이, 우리 중 어떤 이들은 형편없는 그리스도인의 전형이오니, 그 안에 분노와 심술과 질투와 정욕과 육신적 야망과 지나친 애정과 두려움이 있습니다. 그들은 이런 것들을 살짝 살짝 드러내는 사람들로, 아모리 족속과 헷 족속과 여부스 족속과 같습니다.

당신은 "내가 너희를 인도하여 네 원수들의 땅으로 들어가게 하리라"라고 말씀하셨습니다. 그런데 마땅히 자기가 있어야 할 자리에 있지 못한 이들이 원수가 됩니다. 사실 이 원수들의 진영이나 성이 있는 땅은 혈통적 권리에 의하면 우리의 것입니다.

주님, 당신의 백성을 인도하여 들이소서! 그리하시면 머지않아 우리 그리스도인에게 일어난 놀라운 일을 모든 사람이 알 것입니다. 그러나 유감스럽게도, 대개 우리는 일부러 꾸물거립니다.

오, 주님, 오늘 밤 손을 들고 우리에게 기도를 부탁한 사람들이 시온에서 더 이상 편히 쉬지 말고, 순종과 믿음으로 전진하여 예수 그리스도께서 열어주신 곳으로 들어가게 하소서. 주 예수님, 당신께 감사합니다. 우리를 위한 십자가의 속량만 한 감사 제목이 무엇이 있겠습니까? 당신이 거기서 죽으셨고, 물과 피를 쏟으셨기에, 우리가 그것을 노래할 수 있습니다.

주님, 사람들은 당신이 물과 피를 흘리신 것의 효험을 별로 믿지 않습니다. 그러나 분명히 갑절의 효험이 있습니다! 기도하오니, 우리가 보혈의 진정한 효험을 알도록 도우소서.

이들 한 사람 한 사람에게 복을 내리소서. 마음을 흔들어놓으시고 고민하게 하소서. 당신 안에서 쉼을 얻을 때까지 다른 곳에서 쉼을 얻지 않게 하소서. 당신이 그들의 마음을 아주 크게 만드셨기에, 그들은 세상의 이런저런 사소한 것들에서 쉼과 안식을 얻을 수 없습니다.

만일 그렇게 한다면, 그것은 결혼한 부부가 작은 앵무새 한 마리만 있으면 살 수 있다고 착각하는 것만큼 황당한 일일 것입니다. 주 하나님, 당신이 우리에게 주신 마음은 '작은 앵무새'가 아니라 '한 가족'을 품을 수 있을 만큼 큰마음입니다.

당신은 약속의 땅을 모두 품을 수 있을 만큼 큰마음을 그리스도인에게 주셨습니다. 그러나 우리는 광야에서 불모의 작은 땅 한 조각에 만족하고 있습니다.

하나님이시여, 우리를 용서하시고, 당신의 영으로 이끌어주소서. 계속 전진하여 약속의 땅으로 들어가게 하소서. 거룩하신 예수님! 당신이 인도해주실 줄 믿고 감사합니다. 아멘.

089   어둠에서 빛으로

오, 거룩하신 예수님, 당신은 죄와 사망과 어둠의 세상에 거룩함과 생명과 빛을 갖고 오셨습니다. 당신께 나아가길 원하는 모든 이를 부르시며, "다 내게로 오라 내가 너희를 쉬게 하리라"(마 11:28)라고 말씀하셨습니다.

간절히 구하오니, 우리를 도우소서. 우리가 우리 자신으로부터, 밑으로 끌어내리는 세상의 힘으로부터, 중력처럼 작용하는 육신으로부터, 자꾸 자극하며 유혹하는 옛사람으로부터, 슬로건을 만들어 퍼뜨리는 광고업자와 진실성 없이 번지르르한 종교인과 자신감을 보이는 정치인으로부터 건져주소서.

이런 모든 것으로부터 벗어나 자유롭고 깨끗한 상태에 머물면서, 당신이 당신의 백성을 위해 다시 오실 그날을 고대하며 기다리도록 도우소서.

크신 하나님이시여, 가난한 세상을 위해 기도합니다. 올무에 걸리게 될지도 모르는 사람들을 위해 기도합니다. 정치와 교육과 종교의 영역에서 활동하는 사악한 지도자들의 손아귀에서 무고하게 고통당하는 모든 사람을 위해 기도합니다.

악한 목자를 따르면 불쌍한 양 떼와 같은 희생자가 될 뿐입니다. 당신의 손이 우리 위에 계속 머물게 하시고, 당신의 은혜가 우리를 따르게 하소서.

은혜와 자비와 평안이 주 예수 그리스도를 통해 우리 위에 임하기를 기도하오니, 이 기도에 하나님의 자녀들이 "아멘!"으로 화답합니다. 아멘.

090   여러 사람을 위한 기도

이 저녁에, 우리는 진리의 말씀을 듣고 삼위일체 하나님을 경배하기 위해 바쳐진 이 집에 모였습니다. 주여, 우리는 세상에서 나와 여기에 모여있습니다. 우리처럼 모인 무리가 온 세상에 아주 많을 것입니다. 어떤 무리는 크고, 어떤 무리는 작고, 초대형 모임도 있고, 한 줌 정도의 작은 무리도 있겠지만, 모두 합하면 지극히 많은 수가 되기에 감사합니다.

이렇게 모인 사람들과 지금 당신과 함께 있는 사람들을 합하면, 셀 수 없을 정도로 많아질 것입니다. 오직 무한한 지식이 있으신 당신만이, 얼마나 많은 이가 당신의 아들을 믿고 어린양의 보혈로 씻음 받아 지금 당신과 함께 있는지를 아십니다. 주여, 이 사람들 하나 하나에 대해 감사합니다. 우리는 그중 어느 누구도 모른 체하고 지나가지 않을 것입니다.

그리고 사실은 그리스도인이지만, 우리가 그리스도인이 아니라고 판단해버린 사람들에 대해서도 감사합니다. 우리의 성급한 판단이 잘못됐다면, 우리는 판단할 자격이 없을 것입니다. 그러나 성령께서는 아시오니, 온 땅에 있는 그런 이들을 위해 기도합니다. 그리스도인이 되면 중범죄로 처벌받는 곳에 있는 이들을 도우소서. 당신을 믿고 기도하는 것이 범죄가 되는 지역들에 도움을 베푸소서.

기도하오니, 동정녀의 이름과 성인(聖人)들의 이름이 주 예수 그리스도의 이름보다 더 높아진 곳에 도움의 손길을 뻗으소서. 이제 그곳들의 상황을 완전히 바꿔주시어, 값없이 주어지는 복음이 전파되고, 사람들이 믿고 변화되도록 은혜와 복을 내리소서.

우리 하나님이시여, 병든 자를 도우소서. 사별의 고통 중에 있는 자, 힘든 때를 보내고 있는 자, 번뇌에 시달리는 자들을 도우소서. 주여, 우리의 시간을 자신에게만 쓰지 말고, 나가서 아이디어를 내고, 기도하고, 베풀고, 파송하여 세상에 복을 전하는 데 쓰게 하소서.

그리하시면, 우리는 골짜기에서 자라는 향기로운 장미처럼 되어, 골짜기의 아래위로 온통 향기를 내뿜게 될 것입니다. 오, 하나님, 사람들이 우리의 존재를 느끼게 하시고, 그리스도의 향기가 온 땅 가득히 퍼지게 하소서.

당신의 복이 우리에게 임하게 하소서. 사랑하는 사람을 떠나 보낸 가족에게 복을 내리시고, 힘든 마음을 만져주소서. 오, 아버지시여, 기도하오니, 도움이 찾아오고 복이 흘러넘치게 하시고, 당신의 손안에 죽음이 없음을 알게 하소서. 당신의 천국에는 슬픔과 고통이 없고, 우리 아버지의 집에는 잘못된 것이 하나도 없습니다.

우리의 한 형제가 아버지의 집에 가있으며, 또 지난 세월 동안 이 땅에서 함께 봉사했던 많은 이가 그곳에서 그를 맞이할 것이기 에 감사합니다. 하나님이시여, 그의 남은 가족에게 복을 주시고, 그 형제에 대한 우리의 감사를 받아주소서. 주 예수 그리스도를 통해 당신을 바라보는 우리와 함께 계시옵소서. 아멘.

091　　　　　　　　　　　　　**불붙은 진리**

아버지시여, 우리가 영적인 일을 공식으로 정리하려고 엄청 애썼지만, 불가능하다는 것을 이제 압니다. 우리는 할 수 있는 것을 전부 해보았습니다. 지성에 호소했고, 이런저런 설명을 시도했고, 위엄 있고 웅장한 성경의 표현을 현대 영어로 표현하려고 애썼습니다. 그러나 물불 가리지 않고 위험 속으로 뛰어드는 담대함과 충동적인 믿음이, 아주 조심스럽게 준비된 온갖 설교보다 때로는 더 유익할 수도 있을 것입니다.

나의 하나님이시여, 선포된 말씀을 받아들여 우리 마음에 적용해주소서. 인간적 자신감, 자기 의지, 오만, 자랑, 극한의 쾌락, 돈을 사랑하는 마음, 칭찬과 인정을 갈구하는 마음, 유명해지기를 갈망하는 마음, 옷과 명품과 값비싼 물건에 대한 과도한 집착으로 가득 찬 아담의 불신앙의 세상을 향해 한 사람씩 등을 돌리게 하소서.

기도하오니, 이 모든 것으로부터 마음뿐만 아니라 행위까지 돌이켜 당신의 아들 예수 그리스도에게 향하게 하소서. 주여, 우리에게는 그분이 필요합니다. 아무리 세상에 등 돌렸다 해도 그분이 계시지 않으면 진공 상태에 머무는 것과 같습니다. 우리를 어서 당신의 작은 진공 상태로 데려가시고, 예수 그리스도에게 데려가 주소서. 그분은 끝없는 세계에서 영원한 생명과 기쁨과 평안을 발산하는 원천이십니다.

우리가 계속해서 '주님의 만찬'을 거행할 것이오니, 복을 내려 주소서. 그리스도의 이름으로 구합니다. 아멘.

신령한 생활을 위한 기도

10장

Approaching the Almighty:
100 Prayers *of* A. W. Tozer

세상에서 가장 유익한 투자

당신에게 기도는 무엇을 의미합니까? 이 질문을 받았을 때 신앙인들의 입에서 으레 나올 수 있는 대답은 "기도는 인간에게 주어진 가장 큰 특권입니다"라는 말일 것입니다.

높이 들린 보좌에 앉으신 "옛적부터 항상 계신 이"(the Ancient of Days, 단 7:9)께서, 본성적으로 죄인이고 또 자신의 의지적 선택에 의해 이 땅에서 죄를 범하는 당신과 나 같은 사람들의 기도를 듣기 위해 스스로 낮추어 몸을 굽히신다는 것을 생각할 때, 기도는 정말 큰 특권이라고 말하지 않을 수 없습니다.

코로 호흡하는 우리 인간의 손바닥만 한 심장은 계속 박동하지만 언제라도 멈출 수 있으니, 우리가 얼마나 연약한 존재입니까! 그러므로 무릎을 꿇읍시다! 우리는 생기를 받은 흙일 뿐이며, 희망 없는 진흙 덩어리일 뿐입니다.

무소불위의 크신 하나님은 태양을 만들어 어둠 속으로 던져놓으시고, 별들을 만들어 하늘에 총총히 박아놓으시고, 땅을 파서 강을 만드시고, 땅을 밀어서 산을 우뚝 세우시어 세상을 만들어주셨습니다. 그분은 땅 위에 사람들을 만드시고, 음식과 마실 물과 숨 쉴 공기를 주셨습니다.

몸이 아파 누워있는 아이가 엄마에게 무언가를 말하려고 애쓸 때, 엄마는 아이의 지극히 작은 속삭임을 듣기 위해 몸을 구부립니다. 마찬가지로 크신 하나님께서도 몸을 굽혀 우리의 말에 귀를 기울이십니다. 이런 하나님께 기도할 수 있는 것이 세상에서 가장 큰 특권입니다. 그러므로 기도는 가장 성스러운 것이어야 하고, 지극히 감사하는 마음으로 드려져야 합니다.

기도는 누구에게나 주어지는 최고의 영예일 뿐 아니라 세상에서 가장 유익한 투자입니다. 예를 들어, 나는 온 세상의 무거운 짐을 등에 지고 있는 듯한 경험을 한 적이 있습니다. 마치 아틀라스(Atlas, 그리스 신화에 나오는 거인)가 온 세상을 어깨에 메고 있는 모습을 상상해 볼 수 있는데, 아마 당신도 이처럼 온 세상의 무게를 견디고 있다고 느낀 적이 있을 것입니다.

그럴 때 어쩌면 당신은 털썩 주저앉아 무릎을 꿇고 성경을 펴 놓고 미동도 하지 않은 채 조용히 말씀을 읽고 하나님을 우러러보았을 것입니다. 많은 것을 구하지 않고 다만 그분을 바라보며 당신의 영혼을 그분께 집중시켰을 것입니다. 그랬을 때, 아틀라스의 등에서 세상이 굴러떨어지듯이, 당신의 어깨에서 무거운 짐이 즉시 굴러떨어져 당신은 안식을 느끼며 일어났을 것이고, 마치 플로리다에서 3주를 보낸 것처럼 기분이 좋아졌을 것입니다.

내 목회가 큰 어려움에 빠졌을 때, 만일 5분만 더 시간이 흘렀다면 나는 교회를 사임하고 사역을 그만두고 집으로 달려갔을 것입니다. 그러나 하나님께서 은혜 가운데 '기도'라는 수지맞는 투자 방법을 마련해놓으셨기에 이겨낼 수 있었습니다. 이런 일은 당신의 영혼에도 얼마든지 일어날 수 있습니다.

기도는 악기를 조율하는 것에 비유될 수 있는데, '기도'라는 조율을 통해 당신의 영혼이 조화로운 상태에 이를 수 있습니다. 이렇듯 기도는 가장 위대하고 유익하지만, 그리스도인이 해야 할 가장 힘든 일이기도 합니다. 그 이유는 하나님과 올바른 관계에 있어야 비로소 기도할 수 있기 때문입니다!

092 　　　　　　　　　　도움과 소망

오, 우리 아버지 하나님, 세상은 이제 늙었고, 당신의 심판은 가까이 다가왔습니다. 왕국들이 일어났고 또 쇠퇴했습니다. 나라가 나라를 대항하고, 왕국이 왕국을 대적하여 일어났습니다. 지금은 노아의 때와 같습니다. 진지해지지 않으면 안 되는 때입니다. 당신께 호소하오니, 이 시간에 우리를 도우소서!

오, 주여, 우리는 겁먹고 움츠리며 두려워 떠는 죄인을 위해 간구합니다. 그들은 일어나 어린양을 따를 용기는 없지만, 그래도 창문이나 뒷문 같은 것을 통해 어떻게든 이곳에 들어오려고 애쓰고 있습니다. 하나님, 기도하오니, 예수 그리스도를 통해 자비를 베푸소서. 이 결단의 시간에 우리를 도우소서. 예수님의 이름으로 구합니다. 아멘.

093　잘 가꿔진 삶

　사랑하는 주님, 당신이 이곳에 계시지만, 우리가 알지 못했습니다. 우리가 이곳을 찾았으니, 이곳은 하늘의 문이요, 바로 하나님의 집입니다. 이곳이 마치 인도(人道)나 뒤뜰인 것처럼 우리가 들어갑니다.

　오, 주님, 보지 못하는 우리의 눈을 뜨게 하시어 당신이 누구신지를 똑바로 보게 하소서. 당신은 주의 주, 왕의 왕, 그 넓이를 이루 다 말할 수 없는 '지극히 크신 분'이십니다! 당신이 여기에 계십니다. 온 땅이 당신 앞에서 잠잠케 하소서.

　기도하오니, 당신의 거룩한 말씀을 통해 우리에게 말씀하소서. 주여, 당신이 사람들에게 은사를 주셨습니다. 그들을 보내시어 교회들에게 선포하게 하셨습니다. 오늘 밤 성령의 은사들을 통해, 우리가 놀라운 예언의 말씀과 그리스도의 말로 다 표현할 수 없는 풍성함을 듣게 하소서. 들을 귀와 깨닫는 마음과 즉시 순종할 수 있는 의지를 주소서. 믿음을 주시어, 우리가 믿게 하소서.

기도하오니, 세상 사람들처럼 숫자에 연연하지 않게 하시고, 숫자 앞에 무릎 꿇는 태도를 버리게 하시고, 우리를 둘러싸고 있는 저 밖의 온갖 거짓말에 속지 않게 하소서. 이런 모든 것에서 구하시고, 우리에게 그리스도인의 마음을 주셔서 그리스도인답게 생각하게 하소서. 크신 하나님이시여, 우리가 이 밤에 영적인 일들을 생각할 때 그리스도의 마음으로 생각하도록 도우소서.

주여, 아무것도 아닌 일에 열을 올리는 어리석음에 빠지기 쉬운 이 큰 도시에 복을 주소서. 떠들썩하게 한바탕 난리를 치지만, 다 끝나고 결산해보면 아무것도 남지 않는 일에 열정을 쏟는 사람들이 많습니다. 매일 승용차가 몇 킬로미터나 정체 구간을 이루며 서로 범퍼가 부딪힐 정도로 다닥다닥 붙어있는 광경은 잔디밭에 무수히 솟아난 풀들을 연상시킵니다. 또 그 광경은 결국 아무것도 아닌 것을 보기 위해 구름같이 모여들어 몇 에이커의 땅을 뒤덮고 있는 '인간 카펫'과 흡사합니다.

오, 주님, 기도하오니, 우리가 눈을 들어 결코 사라지지 않을 신비롭고 놀라운 것들을 보게 하소서! 천사들에게 놀라움과 기쁨을 안겨줄 저 경이로운 것들을 보게 하소서! 당신께 구하오니, 우리가 이 밤에 당신의 얼굴을 보고, 우리의 마음과 삶과 내적 존재가 도움을 얻게 하소서. 우리는 내일과 모레와 글피에,

아니 당신이 우리를 본향으로 부르실 때까지 계속 저 세상을 상대로 힘겹게 살아가야 할 것입니다.

주님, 기도하오니, 우리가 얍복 강가에서 당신을 만나고 그다음 날 평지로 나가서 그의 분노한 형 에서를 만난 야곱처럼 되게 하소서. 오늘 밤 우리가 이 강가에서 새로운 힘과 복을 얻게 하소서. 그리하시면 내일 나가서 적대적이고 분노한 세상에 맞서 야곱처럼 온전히 승리하게 될 것입니다. 우리의 이름을 야곱처럼 '이스라엘'로 바꿔주시기 위해 당신이 승리하셨습니다. 기도하오니, '승리하는 믿음'을 주소서. 이 믿음이 우리에게 분명히 있으며, 앞으로도 있을 것입니다!

우리는 정복자 그리스도, 승리의 그리스도, 죽은 자 가운데 부활하신 그리스도, 능력과 위엄의 자리에 앉으신 그리스도, 모든 것을 가지신 그리스도를 믿고 의지합니다. 당신이 기도를 들으셨음을 믿습니다. 오늘 밤 이 예배가 우리에게 큰 도움이 될 것입니다. 그리스도의 이름으로 구합니다. 아멘.

094　깨끗이 씻음 받은 속사람

주 예수님, 기도하오니, 우리에게 복을 내리소서. 시간은 쉬지 않고 흐릅니다. 결코 멈추지 않습니다. 동력이 꺼지지 않습니다. 뒤로 돌아가는 것은 불가능합니다. 하루를 두 번 살 수 없고, 한 시간도 두 번 살 수 없습니다. 주여, 우리는 앞으로만 가고 있습니다. 자연과 시간은 우리를 패배로 몰아넣습니다. 머지않아 우리의 몸은 풀처럼 말라서 잘릴 것입니다.

그러나 우리의 속사람, 우리의 '나'(I)는 그렇지 않을 것입니다. 오, 주여, 우리가 속사람을 잘 돌보게 하소서. '영' 또는 '영혼' 또는 '속사람'이라고 다양하게 부르는 것이 '정화의 물'에 대해 알게 하소서. 우리를 깨끗하고 올바르고 선하게 하시고, 또 삶과 죽음을 준비하게 하소서.

오늘 아침, 말씀을 들은 우리에게 복을 내리소서. 우리의 생각이 당신을 향하게 하소서. 하나님을 영과 진리로 예배하는 신령한 사람들이 되게 하소서. 아버지시여, 외적인 것들로부터 우리를 구하소서.

예술적 운치도 없고 기괴하고 바보스러운 크리스마스의 분위기에서 우리를 구하소서. 녹색과 붉은색이 뒤범벅되어 유치하게 번쩍거리는 것들, 분명한 소리를 내지 못하는 조악한 금관악기에서 시끄럽게 흘러나오는 〈고요한 밤 거룩한 밤〉, 이런 것들이 우리를 온통 둘러싸고 있습니다. 이는 내적 생명이 있는 하나님의 자녀에게 지극히 불쾌한 것입니다.

기도하오니, 세상에 사로잡히지 않도록 도우시고, 예수님의 이름으로 우리의 내적 생명에 양식을 공급해주소서. 아멘.

095 신선한 아침의 시작

오, 하나님, 당신의 지극히 고결한 말씀에 감사합니다. 만나처럼 하늘에서 내려와 위로와 영적 건강을 선사하는 신령한 말씀에 감사합니다. 우리는 만나 앞에서 경외심을 느끼며 뒤로 물러서서 "이것이 무엇일까?"라고 말하고 싶은 충동을 느끼지만, 무엇인지 잘 모른 채 그저 '만나다!'라고 소리칠 뿐입니다. 이것은 신비로운 말씀입니다. 이 땅을 통과하는 우리의 나그네 길에서 우리를 먹이고 영양을 공급해주는 당신의 말씀이요 진리입니다.

이 시간 당신의 복이 임하도록 기도합니다. 당신이 새로운 아침을 주셨듯이 새로운 복을 부어주소서. 비록 오늘 이 아침이 어제의 아침이나 내일의 아침과 비슷하겠지만, 어떤 아침도 지루한 반복은 아닙니다. 아침은 날마다 신선한 것입니다!

기도하오니, 당신의 자비를 새롭게 하소서! 우리의 노래와 행위와 생각이 일출과 함께 찾아오는, 이슬에 씻긴 새 아침처럼 신선하게 하소서. 우리의 마음이 마땅히 어린아이의 마음처럼 되길 원하오니, 마음을 새롭게 하소서. 그리하시면 정성을 다하지 않고 오만한 마음으로 드리는 형식적인 예배로 인해 당신이 불쾌하실 일이 없을 것입니다.

오, 주님, 기도하오니, 우리 주 예수 그리스도를 통해 당신이 진정 기뻐 받으실 만한 예배를 드릴 수 있는 마음을 주소서. 또한 우리 각 사람이 자기 몫을 감당하도록 당신이 맡기신 사명을 위해 기도합니다. 당신을 높여드리는 모든 이에게 복을 주소서. 인류를 돕고 지극히 크신 하나님의 영광을 드높이겠다는 마음을 가진 모든 이에게 복을 내리소서. 그들이 우리 무리에 속한 사람이든, 속하지는 않았지만 우리에게 조용히 공감할 수 있는 사람이든 그리하소서!

당신을 섬기는 사람이 당신을 낮추는 말을 할 수는 없습니다. 오, 주님, 당신을 높이는 사람에게 도움을 베푸시어, 온 땅에서 이뤄지고 있는 당신의 일에 복을 내리소서. 타락한 자를 끌어올려 주시고, 낙심한 자에게 힘을 주시고, 병든 자를 고쳐주시고, 우리가 구하는 모든 것에 당신의 응답이 임할 것이라는 믿음을 주소서. 주 예수 그리스도의 이름으로 구합니다. 아멘.

096　영광스러운 섬김

아버지시여, 당신으로 인해 감사합니다. 당신의 성품으로 인해 감사합니다. 당신의 존재로 인해 감사합니다. 당신은 한 분 하나님이시요 '지극히 크신 분'이십니다. 더 이상 확장할 수도 없으며, 스스로 존재하는 연합체이신 당신 외에 다른 신은 없습니다. 오, 하나님, 당신을 찬양합니다!

기도하오니, 그리스도인들이 나가서 온실 속의 나무가 되지 않고 병사가 되게 하소서. 약속을 주시어 그들의 마음을 충만케 하시고, 그들을 창조주 하나님께 되돌리시어 그들이 전쟁의 무기와 도구로 쓰임 받게 하소서.

오, 하나님, 사단은 우리의 효험 없는 기도를 비웃습니다. 우리가 나가서 사단의 얼굴에 웃음기가 싹 사라지게 만들도록 도우소서. 그가 너무 오랫동안 싸움터를 장악해왔습니다.

오, 하나님, 승리가 우리의 것이 되게 하소서. 당신을 높여드리길 원하오니, 당신은 당신을 높이는 자를 높여주실 것입니다. 진리를 말함으로써 당신을 높여드리고, 공정함을 통해 당신께 영광을 돌리길 원합니다.

모든 문제의 모든 측면을 말해주며, 속이거나 거짓말하지 않고, 성공을 위해 광고 기술을 사용하는 대신 사람들에게 그토록 사랑받았던 '옛이야기'를 전하기 위해 이를 사용함으로써 당신을 높이길 원합니다. 그 옛이야기를 계속 정직하게 말하게 하소서.

오, 주님, 당신을 높입니다. 우리와 우리의 기도와 사역과 교회와 사람들을 높여주시기를 바라며 당신을 바라봅니다. 하나님시여, 새로운 부흥과 도약을 허락하소서.

우리는 "너희는 … 옛날 일을 생각하지 말라 보라 내가 새 일을 행하리니"(사 43:18,19)라는 당신의 말씀을 들었습니다. 당신이 우리를 위해 말씀대로 행하셨습니다. 주일학교를 일으켜 세우시고, 우리 무리를 크게 하시며, 우리의 가지가 담장을 넘어가게 하셨습니다. 우리를 도우셨습니다.

주여, 당신의 격려에 힘입어 우리는 당신이 앞으로 행하겠다고 약속하신 것을 말씀 그대로 믿을 수 있습니다. 그리고 또 다른 도약을 이뤄주시기를 기도합니다. 오, 하나님, 앞으로 더 많은 땅을 차지하게 하소서.

우리는 함께 연합하여 집이나 다른 여러 곳에서 기도하고 교제합니다. 우리 공동체에 속한 모든 형제자매와 젊은이와 아이들에게 가을과 겨울이 찾아올 것인데, 그때가 되면 마귀는 혼란에 빠지고 그의 목적은 무력화되어 모든 이들이 "오, 하나님, 당신을 찬양합니다!"라고 말하게 될 것입니다. 우리가 이것을 믿습니다.

아버지시여, 주 예수 그리스도시여! 당신을 향하여 우리가 가진 바 담대함이 이것이니, 당신의 뜻대로 구하면 무엇이든 들어주실 것이며, 우리가 구하는 바를 들으시는 줄을 안즉, 또한 구한 것을 얻은 줄을 압니다.

우리가 마음을 하나로 모아 더 많은 선교헌금과 더 큰 영적 공동체의 전도여행과 모든 복음주의 교회의 더 막대한 영향력을 위해 간구합니다. 이는 우리가 소박함과 정직함과 겸손과 온유와 성경 말씀과 예배와 거룩함과 하나님의 영의 능력을 회복하기 위함입니다. 예수님의 이름으로 구하오니 허락하소서. 아멘.

097 앞으로 나아가라

아버지시여, 오늘 밤 말씀을 들은 모든 이에게 복을 내려주소서. 이전 일은 잊어버리고 앞을 향해 힘차게 나아갈 수 있도록 도우소서.

당신은 너무나 크신 분이시고 만물은 개암나무 열매 정도의 크기밖에 안 됩니다. 그런데 개암 크기의 세상을 품을 수 있는 우리도 당신 없이는 완전히 텅 빈 존재라는 걸 깨닫게 하소서.

오, 하나님, 우리를 당신의 존재로 채우소서. 당신이 없으면 우리는 언제나 부족할 것입니다. 예수 그리스도를 위해서, 당신 자신으로 우리를 채우소서. 아멘.

098 언제나 준비하고 있으라

오, 사랑하는 주님, 만일 우리가 우리의 입장에서 잠깐 벗어나 세상 사람들처럼 생각한다면, 오늘 밤 우리가 나눈 이야기는 정말 어리석은 게 될 것입니다! 우리의 이야기는 정치, 철학, 심리학, 스포츠, 연예, 노동, 자본, 산업, 그 밖의 모든 것들과 정말 다르게 느껴질 것입니다!

당신이 우리에게 빛을 비춰주셨고, 우리를 바로 부르셨고, 지식을 주셨기 때문에 우리의 말은 세상의 말과 다르고 이상하며 이질적인 것으로 들립니다. 왜냐하면 세상이 우리를 전혀 이해하지 못하기에 우리의 말은 신문이나 잡지에서 전혀 찾아볼 수 없습니다. 세상은 자기의 길을 가면서, 할 수 있는 최선을 다할 뿐입니다.

오, 당신은 한 백성을 불러내어 당신의 소유로 삼으셨습니다. 그들은 왕 같은 제사장이요, 거룩한 나라요, 당신만의 백성이요, 십자가를 지는 백성이며, 당신의 거룩한 아들을 사랑하고, 당신을 아버지라고 부르고, 선지자와 사도들을 믿고, 요한계시록을 믿고, 요한이 성령충만한 중에 본 것을 믿습니다.

우리도 그들 중에 속하기를 바랍니다! 우리가 그 복된 무리에 포함되기를 원합니다! 이 복된 무리가 '그날에' 준비된 자로 드러날 뿐 아니라 지금도 준비된 자이기를 원합니다! 우리는 준비될 것이며, 준비된 자로 계속 살 것이며, 다른 이들도 우리처럼 준비시키기 위해 수고할 것이며, 분투하고 싸우고 기도하고 베풀고 추진하며 사명을 계속 감당할 것입니다.

그렇게 하면 결국, 적어도 한 번은 당신의 이야기가 세상 곳곳에 전파되고 복음이 온 세상을 감싸게 되어, 전 세계의 모든 인종이 그리스도께서 성경대로 우리 죄를 위해 죽으시고, 성경대로 다시 사셨다는 것을 알게 될 것입니다. 아버지시여, 지금 우리를 도우시기를 기도합니다.

이제 우리 앞에는 치열하게 살아야만 하는 한 주가 기다리고 있습니다. 분주함, 소란스러움, 짜증, 적개심과 충돌, 연약함, 그리고 육체적 불편과 고통이 있는 시간이 될 것입니다. 우리가 이 모든 것 가운데서도 기뻐하고, 즐거워하고, 당신께 감사하고, 찬양으로 충만하고, 모든 어려움을 찬양으로 이겨낼 수 있도록 힘을 주소서. 계속 찬양함으로 즐거워지고 기도하며 힘을 얻도록 도우소서.

우리를 방해할 모든 것을 뒤로하고, 무거운 것과 얽매이기 쉬운 죄를 벗어버리고, 인내로써 우리 앞에 놓인 경주를 능히 감당할 수 있도록 도우소서.

주 예수 그리스도를 통해 구합니다. 아멘.

099　　　　　　　　　　　　아담을 뒤로하고

우리 아버지시여, 예수님이 저 높은 곳으로 올라가셨다고 하는 성령님의 말씀을 듣고, 또 그 참된 기록을 다시 읽으니, 우리의 생각과 마음이 새롭게 힘을 얻습니다.

우리의 구주요 주님이신 예수 그리스도로 인해 당신께 감사합니다. 기도하오니, 사물을 바라보는 '아담의 방식'을 버릴 수 있도록 도와주시길 바랍니다. 이번 주에 우리는 아담과 동행하며 세상 속에서 살아왔습니다. 아담이 있는 사무실과 가게와 상점과 그 밖의 모든 곳에 있었습니다.

두 번째 아담이신 주 예수님, 이제 아담의 사고방식과 심리학을 우리의 사고에서 깨끗이 씻어버리고 그리스도인답게 사고하도록 도우소서. 마치 당신이 바로 이 아침에 죽은 자들로부터 다시 사신 것처럼 생각하도록 도우소서.
당신은 지금 우리 가운데 살아계시고 영원히 사시며, 더 이상 죽음의 지배를 받지 않으십니다. 기도하오니, 하나님께서 부활하시고 살아계시고 영광을 받으신 당신과 함께 계신다는 것을 알도록 도우소서.

오늘 우리는 모일 수 있습니다. 우리의 생각과 마음과 우리가 알고 느끼는 모든 것 속에서 모일 수 있습니다. 왜냐하면 주님이 우리와 함께 계시기에 우리는 혼자가 아니며, 의식을 고취시키거나 만들어내려 하지 않고, 옛날의 제자들처럼 단순히 부활의 주님께로 모이기 때문입니다.

오, 하나님! 가난한 사람, 혼자의 힘으로 일어설 수 없는 사람, 병자 그리고 고민 가운데 있는 사람들을 기억해주소서. 그리고 온 땅의 나라들을 도우소서. 당신이 아시듯이, 다니엘이 우리를 위해 묘사하고 기록한 특이하고도 극적인 환상들이 우리 앞에 현실로 이루어진 것이 보입니다.

우리 주님이 예언하신 전쟁의 소문과 소란에 관한 내용과 "사람들이 세상에 임할 일을 생각하고 무서워하므로 기절하리니"(눅 21:26)라는 그분의 말씀이 실현되고 있음을 보고 또 듣고 있습니다. 그러나 이 모든 것에도 불구하고 우리가 낙심하지 않으며 오히려 우리의 속량이 가까워졌음을 기뻐하게 하소서.

온 땅 위에 흩어져 있는 우리를 도우소서. 아주 많은 곳에서 마귀가 당신의 일을 몹시 방해하고 있음을 기억하소서. 오, 하나님, 지금의 라오스(Laos)를 도우소서. 베트남과 인도네시아에

도움을 베푸소서. 특히 정치적으로, 당신의 사람들의 사역을 위태롭게 하거나 때로는 불가능하게 만드는 상황이 벌어지는 여러 지역에 도움의 손길을 뻗으소서. 그들은 사역의 문이 거의 닫혀 있기 때문에 당신이 문을 열어주시기를 기다리고 있을 뿐입니다.

세계의 여러 선교지에서 일하는 사람들, 세상의 여러 설교단에 선 사람들, 여러 파이프 오르간 앞에 앉은 사람들, 성가대를 지휘하는 사람들, 학교에서 가르치는 사람들에게 복을 내리소서.

지난 몇 년 동안, 이 작은 교회로부터 세계의 모든 지역으로 뻗어나간, 축복받은 사람들의 복음 전파의 물결에 복을 부어주소서. 또 이를 위해 수고하는 자들을 위해 우리가 계속 기도하도록 도우소서. 주여, 우리가 당신을 더욱 기다릴 때 복을 내리소서. 우리 주 예수님을 통해 구합니다. 아멘.

100　사랑하며 기다리라

　하늘에 계신 아버지시여, 우리가 격려를 받으면서도 두려운 마음으로 당신 앞에 있습니다. 살아계신 하나님이시여, 당신의 전능하심은 우리로 두려움을 느끼게 합니다. 그러나 당신이 우리의 보잘것없는 마음에서 나오는 사랑을 받으시기 위해 스스로를 낮추셨다는 것을 기억하면, 우리 마음은 기쁨과 격려를 얻습니다.

　우리는 복되고 가슴 설레는 길을 가면서도 두려움에 노출되어 있습니다. 그러나 주님께 소망을 둡니다. 우리의 소망은 보혈과 십자가입니다. 이는 우리의 모든 소망이 성령님의 감동으로 받은 진리의 견고한 토대 위에 서있기 때문입니다.

　우리는 어려울 때 우리를 돕는 자비와 은혜를 얻기 위해 은혜의 보좌 앞으로 담대히 경외함으로 나아갑니다. 아버지시여, 당신이 보셨듯이 이 도시가 아주 오랫동안 도시 여건의 변화와 악천후에 시달려왔기 때문에 많은 교회가 위축되어 있으며, 우리 교회도 예외는 아닙니다. 그러나 주님, 우리가 환난을 통해 인내하며 당신을 기다리는 법을 배우고 있으니 감사합니다.

이렇게 기다릴 수 있는 것은, 당신이 흥분하거나 불안해하는 분이 아니시고 일을 성급히 처리하는 분도 아니시며, 주일에 응답하지 않으시면 월요일에 응답하실 것이고, 월요일에 응답하지 않으시면 화요일에 응답하실 것이고, 2월에 응답하지 않으시면 3월에 응답하실 것임을 알기 때문입니다. 당신은 '영원한 차분함' 가운데 일들을 처리하십니다.

당신을 찬양합니다! 당신의 부르심을 받아 시간의 영역을 초월하여 '영원의 차원'에서 살았던 사람들처럼 차분하게 사는 법을 가르쳐주소서. 우리가 무덤 앞에서 "시간의 차원을 초월해 영원 속으로 들어간 사람"이라는 표현을 사용하기도 하지만, 이 아침에 우리는 살아있는 우리가 시간을 초월하도록 부름 받았다는 사실을 기억합니다.

또한 노화도 모르시고, 일출과 일몰도 모르시고, 어제와 내일도 모르시고, 오직 영원무궁한 현재만을 아시는 '영원한 마음' 안에서 우리가 살고 있다는 사실을 기억합니다. 마음속에 '시대를 초월하는 영원한 차분함'을 품고 완전히 준비된 마음가짐으로 살아가도록 도우소서.

우리나라를 기억해주소서. 그토록 많은 은혜를 받았지만, 그토록 많은 죄를 범하는 이 땅을 기억하소서. 우리의 왕, 지도자, 조상, 정치가, 정치꾼, 설교자, 남녀노소 그리고 우리 자신이 당신께 죄를 범하였으니, 변명할 말이 없고 정상 참작의 여지가 없습니다.

우리는 죄를 지었습니다. 우리가 응당 받아야 할 것은, 당신의 엄중한 심판뿐입니다. 그렇지만 당신은 무한히 인자하시고 끝없이 선하시고 한없이 자비로우시니, 부디 자비를 베풀어주시길 바랍니다. 우리 가정에 은혜를 베푸소서. 우리나라에 인자를 베푸소서. 우리 교회에 자비를 내리소서.

이달의 첫 주일엔 아주 많은 교회가 성찬예배를 거행할 것이오니, 우리 모두를 불쌍히 여기소서. 우리는 이런 성찬예배에 자주 실망합니다. 너무 기계적으로 드려지기 때문입니다.

우리가 포도 열매에서 난 것을 마실 때, 그것이 우리를 위해 예수 그리스도께서 흘리신 피라는 것을 기억하도록 도우소서. 그리고 떡을 떼어 먹을 때 그것이 예수님의 몸이며, 그 순간 당신이 신비롭고 불가사의한 방법을 통해 임재하신다는 것을 기억하게 하소서.

우리는 당신의 임재가 실재(實在)임을 믿습니다. 당신이 정말로 성찬식에 임재하신다면, 다른 모든 곳에도 임재하십니다. 그러므로 부주의한 말이 우리의 입에서 나가거나 부주의한 생각이 떠오르지 않게 하소서. 우리가 함께 보내게 될 시간이 더할 나위 없이 좋게 하시고, 오늘 아침이나 오후보다 더 나빠지지 않게 하소서.

매시간이 거룩한 시간이 되고, 매일이 거룩한 날이 되고, 모든 곳이 거룩한 땅이 되게 하소서. 우리 주 예수 그리스도를 통해 당신을 기대하며 기다립니다. 아멘.

토저의 위대한 기도 100선

초판 1쇄 발행	2022년 12월 5일
초판 2쇄 발행	2023년 1월 17일

지은이	A. W. 토저		
옮긴이	이용복		
펴낸이	여진구		
책임편집	김아진 정아혜		
편집	이영주 최현수 안수경 김도연		
책임디자인	이하은 | 마영애 노지현 조은혜		
홍보·외서	진효지		
마케팅	김상순 강성민 허병용	마케팅지원	최영배 정나영
제작	조영석 정도봉	경영지원	김혜경 김경희 이지수

303비전성경암송학교 유니게과정   박정숙
이슬비전도학교 / 303비전성경암송학교 / 303비전꿈나무장학회

펴낸곳	규장

주소   06770 서울시 서초구 매헌로 16길 20(양재2동) 규장선교센터
전화 02)578-0003   팩스 02)578-7332
이메일 kyujang0691@gmail.com   홈페이지 www.kyujang.com
페이스북 facebook.com/kyujangbook   인스타그램 instagram.com/kyujang_com
카카오스토리 story.kakao.com/kyujangbook
등록일 1978.8.14. 제1-22

ⓒ 한국어 판권은 규장에 있습니다.
이 출판물은 저작권법에 의해 보호를 받는 저작물이므로 무단 전재와 무단 복재를 할 수 없습니다.

책값 뒤표지에 있습니다.
ISBN 979-11-6504-389-6 03230

규 | 장 | 수 | 칙

1. 기도로 기획하고 기도로 제작한다.
2. 오직 그리스도의 성품을 사모하는 독자가 원하고 필요로 하는 책만을 출판한다.
3. 한 활자 한 문장에 온 정성을 쏟는다.
4. 성실과 정확을 생명으로 삼고 일한다.
5. 긍정적이며 적극적인 신앙과 신행일치에의 안내자의 사명을 다한다.
6. 충고와 조언을 항상 감사로 경청한다.
7. 지상목표는 문서선교에 있다.

하나님을 사랑하는 자 곧 그의 뜻대로 부르심을 입은 자들에게는 모든 것이 합력하여 善을 이루느니라 (롬 8:28)

Member of the
Evangelical Christian
Publishers Association

규장은 문서를 통해 복음전파와 신앙교육에 주력하는 국제적 출판사들의 협의체인 복음주의출판협회(E.C.P.A:Evangelical Christian Publishers Association)의 출판정신에 동참하는 회원(Associate Member)입니다.